马克思主义新闻观辅导读物

# 守正与创新

## ——怎样成就一篇好新闻

黄嘉模——著

孔學堂書局

**图书在版编目（CIP）数据**

守正与创新 ：怎样成就一篇好新闻 / 黄嘉模著 .
贵阳 ：孔学堂书局，2024. 11. -- ISBN 978-7-80770
-597-0

Ⅰ．G21

中国国家版本馆 CIP 数据核字第 2024BZ1324 号

守正与创新——怎样成就一篇好新闻　　　　　　　　黄嘉模 著
SHOUZHENG YU CHUANGXIN: ZENYANG CHENGJIU YIPIAN HAOXINWEN

责任编辑：陈倩
封面设计：赵怡
排版制作：刘侃　李昂　陈婷婷
责任印制：张莹

出版发行：贵州日报当代融媒体集团
　　　　　孔学堂书局
地　　址：贵阳市乌当区大坡路 26 号
印　　刷：贵阳精彩数字印刷有限公司
开　　本：787mmx1092mm　1/16
字　　数：233 千字
印　　张：18
版　　次：2024 年 11 月第 1 版
印　　次：2024 年 11 月第 1 次
书　　号：ISBN 978-7-80770-597-0
定　　价：68.00 元

# 一位报人的初心与匠心

◎李卫红

在贵州新闻传媒领域，嘉模老师是一位执着于新闻理想、难能可贵的老报人，凭借深厚的理论学养与勤勉实干的精神，在新闻战线数十年笔耕不辍、永不知倦。虽已从贵州日报退休十余年，但他对新闻事业的热情从未消减，对新闻领域的探索从未懈怠，从《守正与创新——怎样成就一篇好新闻》一书的字里行间便可窥知一二，一位老报人的新闻初心和匠心跃然纸上，细细读来余味无穷。全书从立意取向、结构框架到章节内容，内涵丰富、解读细微、富于启迪，着眼于大量的实战案例，把毕生关于新闻工作的精思妙悟毫无保留地向读者娓娓道来。

面对当下新闻传播的"众声喧哗"，嘉模老师紧贴时代脉搏，在"变与不变"中深刻领悟新闻舆论工作的思想精髓，深入探讨党的新闻工作者如何做到"守正与创新"，既要时刻保持对新闻事业的原则坚守与敬畏之心，维护客观公正，坚守新闻底线，又要不断探索创新，与时俱进，提高新闻报道质效，满足受众用户需求。总而言之，既要恪守"底线"，又要锚定"高线"；既要坚持理想高标挺然，又要与现实交相辉映；既要与时代肝胆相照，又要与读者同频共振。

纵观嘉模老师的职业生涯，新闻编辑及阅评审读工作占据了40多年时间。犹记得他在贵州日报上夜班时，伏案桌前逐字逐句认真审核报纸大样的情景，经年累月的熬更守夜，真真"耐得半宵寒"，也练就了他的一双"火眼金睛"。认真、严谨又率直的嘉模老师，一旦发现精彩新闻作品，常常如获至宝，不吝赞美；对于其中存在的不足和短板，也直言不讳提出改进建议，年轻记者常常感叹从嘉模老师的指导中受益良多。

新闻常被视为"易碎品"。而兢兢业业的老一辈媒体人力求通过自己的不懈努力紧紧攥住那一瞬间的璀璨光芒，让新闻的生命力更强韧一点，在历史的长河中活得更持久一些。因而，嘉模老师勉励后辈要立志做新闻的"持重人"，从扎扎实实写好一篇新闻开始，日拱一卒、功不唐捐，真正创作出满足人民"三有"需求的"高颜值"精神文化产品，创作出不负时代、不负人民的优秀新闻作品。

如何写好一篇新闻？嘉模老师认为，要从政治信念坚定与否这个"总开关"上找方向、找答案，要在不断修炼自身"脚力、眼力、脑力、笔力"的采编"四力"上下功夫，要在提升"传播力、引导力、影响力、公信力"的新闻舆论"四力"上做文章。

做好新闻工作的关键在人，根本在内容。两个"四力"之同向共进、内外兼修、形成合力，是新闻工作者必须要严格履行的职责和使命。可以说，经过锤炼"四力"创作的精品力作，是提升新闻舆论"四力"的重要抓手和坚强保障。嘉模老师针对两个"四力"中的逻辑链条进行思考分析，有助于深化对其精神要义的理解与掌握，进而深化对其实现路径的实践与探索。在守正创新中不断增强两个"四力"，在新闻理念、质量标准、技术支持等多个层面始终坚持"内容为王"，让胸中有大局，眼中有方向，作品有能量，持续推动新时代宣传思想工作走深走实。

新闻工作是一项实践性很强的工作，身经百战的嘉模老师不唯学历论，而唯实力论。他认为，好记者、好编辑不能简单地与学历高低划等号。一个驾轻就熟、很少出错且常常出彩的编辑记者，不在于他能背诵多少理论条文，掌握多少速成秘诀，而在于他是否注重在实践中感悟体会和积累经验，是否始终坚持在干中学、学中干，是否始终保持对新闻事业的赤诚和敬畏，吃得苦、受得累、耐得烦，反复磨砺笔杆子，久久为功，方能写就一篇好稿子。

嘉模老师这部著作，对媒体融合发展环境下的新闻文本分析具有重要价值，尤其是对新媒体环境中新闻采写偏重于技术和形式趋势的纠偏，具有参考意义。大流量并不完全等于好的传播效果，文本品质不到位，流量狂欢就是低效传播，那么如何提升新闻文本质量，读者在本书中可以找到很重要的参考。

嘉模老师在本书中展现出对整个职业生涯的思考和积累，殚精竭虑地对新闻各类体例的写作要点进行详尽梳理，从打磨标题、纠正文内隐形差错到恪守新闻职业道德等均有详尽论述，既是一本"新闻人的工作操作手册"，又是一本富于启迪的"新闻培训辅导读本"，还是一本避免新闻差错的"排雷"指南，书中列举了许多常见或少见的差错案例，并逐一解读，洋洋大观。嘉模老师指出，在新闻报道中需要注意语言的文明和规范，避免使用低俗、粗鄙的语言，影响读者的阅读体验等；涉及敏感话题的报道，需要谨慎处理，避免造成不必要的社会影响；涉及个人隐私的报道，应该尊重当事人权利，避免侵犯个人隐私。凡此种种行家里手的提示，对于新闻界从业人员、学界后生均有重要的现实指导意义和学习价值。

渊成一脉、薪火相传。一粒沙中看世界，一篇短短的新闻稿里蕴藏的又何止是党媒老报人的深厚情感、无私奉献和深情耕耘。纸短情长，言不尽意，感谢嘉模老师为贵州新闻事业做出的卓越贡献，相信他的作品将镌刻在贵州新闻史册上，成为媒体人成长路上的榜样和典范。

［作者系贵州日报报刊社总编辑、高级编辑（专技二级）］

# 目 录

# 第一章

# "四力"逻辑链认知与新闻守正创新

在2016年2月19日召开的党的新闻舆论工作座谈会上，习近平总书记提出要切实提高党的新闻舆论传播力、引导力、影响力、公信力的要求。

2018年8月22日，在全国宣传思想工作会议上，习近平总书记强调宣传思想干部要不断增强脚力、眼力、脑力、笔力，努力打造一支政治过硬、本领高强、求实创新、能打胜仗的宣传思想工作队伍。

增强"脚力、眼力、脑力、笔力"，是习近平总书记针对宣传思想干部提出的要求，是关乎人的"四力"，可称为媒体人"四力"；提高"传播力、引导力、影响力、公信力"，是习近平总书记针对党的新闻舆论工作提出的要求，是关乎新闻单位的"四力"，可称为媒体"四力"。

对两个"四力"，即"脚力、眼力、脑力、笔力"和"传播力、引导力、影响力、公信力"中的逻辑链条进行思考分析，有利于我们对两个"四力"精神要义的认知与把握，并依靠这种认知与把握去助力新闻"守正创新"，在新闻理念、质量标准、技术支持等多层面坚持"内容为王"，从而推进新时代的新闻实践工作。

## ▶ 怎样认识媒体人"四力"？

　　有观点认为：脚力、眼力、脑力、笔力，首先是政治要求，要从旗帜鲜明讲政治的高度去认识。脚力、眼力、脑力、笔力，到底有没有力？都可以从政治信念坚定与否这个"总开关"上找到答案。

　　媒体人"四力"应臻的境界概括为四句话，即脚力——站得正、行得稳、走得沉；眼力——看得准、望得实、见得真；脑力——思得清、想得远、谋得深；笔力——话有魂、语有温、品有珍。脚力的关键在于立足点要正确坚定，步子要沉稳扎实，其要害在于"三个点"，即站位正确的立足点，党性和人民性相统一的出发点，作风扎实、深入一线的脚步点；眼力的要害在于"三只眼"，即识珠的慧眼、善辨的火眼、鉴真的法眼；脑力的要害在于头脑里装着"四"（四个意识、四个自信、四个有利于、四个牢牢坚持、四向四做），思力才能显"四度"（力度、深度、厚度、温度）；笔力是指能创"三有"（有思想、有温度、有品质）作品，有力透纸背、动人心弦的好手笔。而脚力的站得正、眼力的看得准、脑力的思得清、笔力的话有魂，都有"政治定力"的含义在里面。

新闻的"两现"能力，就是发现新闻和表现新闻的能力。好的发现离不开脚力和眼力，好的表现离不开脑力和笔力。

## 怎样认识媒体"四力"？

**传播力：**让党的创新理论"飞入寻常百姓家"，让党的声音成为时代最强音，让主流价值主导社会舆论，必然要求主流媒体的广泛覆盖、有效传播。

**引导力：**新闻媒体是社会舆论的发射器和放大器，其功能不仅是发布消息、报道事实，更是通过制造和生成新闻舆论来塑造社会舆论，进而引领公众思想、服务中心工作。

**影响力：**新闻舆论吸引公众、动员公众，"在人的心灵里搞建设"，是通过新闻作品的吸引力、感染力来实现的。只有优秀的作品源源不断地产生影响、受到欢迎，使群众爱听爱看、引发共鸣，新闻舆论才能有效地鼓舞士气、振奋精神，使全党全国人民朝着党中央确立的宏伟目标团结一心向前进。

**公信力：**在走进公众的长期过程中，优秀的媒体总能凭权威性、责任感和专业水准，赢得公众普遍而持久的信任，拥有好口碑，具备美誉度，成为社会公正进步的象征。主流媒体是党和人民的耳目喉舌，它的公信力，不仅是支撑自身长远发展的无形资源和软实力所在，也是社会凝聚力和向心力的重要来源。

## 第二节　"四力"逻辑链的三个特性

从单纯的语言文字上看，两个"四力"均存在语序的先后排列问题。这个语序是随意排列的吗？当然不是。这其中具有不容错置的逻辑链条关系。而且，从理论和实践两个层面保证这种逻辑链的紧密完美，对于提高新闻舆论工作质量具有重要意义。

### 特性之一：顺延性

"脚力、眼力、脑力、笔力"8字要求，具有顺势而为的逻辑关系。有走出去、深下去的脚力，才有能识见、善发现的眼力，也才有辨真伪、显思想的脑力，并最终落点于能守正、有创新、善表现的笔力上。

# 特性之二：依附性

"四力"不仅有顺势而为的顺延关系，也有相互作用的依附关系。媒体人"四力"的脚力是条件，眼力定看点，脑力生观点，笔力是归结点。媒体"四力"的依附性则表现为通过增强传播力、引导力的手段，达到提升影响力、公信力的目的。

以下观点能很好说明媒体人"四力"的事理逻辑关系的依附性表现。

脚力是保障：没有好脚力作为保障，眼力、脑力、笔力就是无源之水、无本之木。眼力是前提：没有好眼力这个重要前提，好脑力、好笔力往往就没有用武之地，好脚力也无法体现。脑力是核心：好脑力居于核心地位，没有好脑力就没有好笔力，并很可能浪费了好脚力、好眼力。笔力是关键：好笔力是"四力"最重要的直观体现，没有好笔力这个关键，就无法很好地感染群众、影响群众、争取群众、凝聚群众，不仅好脚力、好眼力、好脑力无法很好体现，也无法真正完成宣传思想工作的使命任务。

媒体"四力"的事理逻辑关系的依附性表现为：传播力、引导力是影响力和公信力的前提与保障，没有传播力、引导力创造的基础条件，影响力、公信力便难以实现；传播力、引导力是手段，影响力、公信力是运用这种手段要达到的效果。

两个"四力"的事理逻辑关系也存在依附性，媒体人"四力"即"脚力、眼力、脑力、笔力",是媒体"四力"即"传播力、引导力、影响力、公信力"的前提与保障。没有媒体人"四力"的先决作用,媒体"四力"便难以实现,故而需要通过增强媒体人的"脚力、眼力、脑力、笔力",来达到提升媒体"传播力、引导力、影响力、公信力"的效果。

媒体人"四力"与媒体"四力"相比,文字虽有不同,但两个"四力"都有着内在逻辑的一致性,即前者为手段、后者为目的,前者为因、后者为果。做好媒体人"四力"是实现媒体"四力"的必要条件。传播力、引导力取决于传媒和传媒人的素养与水准,可以由主观因素操控,然而影响力、公信力,尤其是公信力却不能由主观操控和臆断,本质上要由客观因素来决定。你可以通过增强传播力、引导力的手段,达到提升影响力、公信力的目的。让别人关注你、信服你,这既是终极目标,也是最圆满的结果。

## 特性之三:实效性

这些逻辑链所蕴含的都是符合辩证法的因果逻辑关系,这个"果"既是结果,更是效果。

习近平总书记在党的新闻舆论工作座谈会上提出党的新闻舆论工作要"从时度效着力,体现时度效要求",这里居于末位的"效",就是指效果。他还强调,要实现新闻传播效果的最大化和最优化。他提出"四全媒体",其中的全效媒体,也在强调传播效果。这就要完成坚定"应然"，做好"实然"这道必答题。

## 第三节　"四力"实践的三个原则

坚定"应然"，就是要在理性层面深刻理解、自觉遵循习近平总书记提出的两个"四力"要求所体现的重视新闻舆论传导效果的一贯思想；做好"实然"，就是要在实践层面通过对两个"四力"逻辑链的正确认知，加强新闻守正创新修炼，提高新闻引导的能力和水平，将实现新闻传播效果的最大化和最优化落到实处。在"四力"实践中要注意坚持三个原则。

### 要在守正原则

说"要在守正"，守正是重点，在于坚持正确导向，这是根本性、第一位的原则问题，也是两个"四力"的根本指导与重要遵循。

"守正"要讲政治立场和新闻取向的正确与坚定。习近平总书记关于新闻舆论工作职责使命的"48字"要求，即"高举旗帜、引领导向，围绕中心、服务大局，团结人民、鼓舞士气，成风化人、凝心聚力，澄清谬误、明辨是非，联接中外、沟通世界"，核心就是坚持正确舆论导向。因此，防止新闻传导中出现"高级黑"的噪声杂音，是极其重要的职责使命。同时，也要注意把牢"真实性"的关口，防止各种新闻失实造成的负面影响。还要注意防止表面有理、实则有误的新闻"低级红"现象。

除了防止新闻传导中的"高级黑"和"低级红"，还应该将新闻的真实性问题置于守正的范畴，理由是，如果媒体出现违背新闻真实性的虚假失实报道，就会给其可信度、影响力和公信力带来极大损害。在这里，守正把持的"真实性"就是一道重要的"法门"，没有它关住怀疑的洪水，那么媒体"四力"中的影响力、公信力就会被冲得一干二净。新闻界说"真实是新闻的生命"，我想其深刻的含义就在这里。媒体人"四力"的"脚力、眼力、脑力、笔力"，为的是去精准发现、精彩表现真实鲜活感人的新闻。

新闻守正创新的要求为什么守正在前、创新在后？这也不是一个简单随意的语序问题。必须清醒地认识到，守正与创新的关系，是守正统领创新，创新在守正的前提下进行。倘若在创新时忘记了守正这个根本，甚至用牺牲守正来达成创新，那一定是本末倒置的错误之举。这就如同唱歌之人，一旦荒腔走板，则无论如何浓妆艳抹、穿戴华丽、矫揉造作，其实都失去了意义。只有深刻地认识到这一点，才是真正领悟了"要在守正"的本质含义。

媒体人"四力"称脑力是核心：好脑力居于核心地位，没有好脑力就没有好笔力。从脑力主导守正，同时也主导笔力创新的角度来认识脑力在媒体人"四力"中的核心地位与作用，具有极为重要的新闻实践意义。

## 贵在创新原则

说"贵在创新"，创新是难点，在于创新之不易。在我们的新闻实践中，具有创新的新闻作品成为稀缺的精神产品，这就应了"物以稀为贵"的说法。

说守正是重点，创新是难点，是因为守正是做到"对"，创新是追求"好"。做到守正不易，做到创新则更难。唯有创新，才得以实现"四力"创新 →"内容为王"→ 有效传播。创新既不易，若问创新图个啥？这一逻辑链很好地表明，创新的终极目的就在于有效传播。

对于创新之难点，需要面对和解决好三个主要问题。一是克服惰性情绪与消极思想，解决"不想做"的问题；二是增强创新的思维技巧和业务技能，解决"不能做"的问题；三是坚持创新的理念和不懈的精神，解决"不断做"的问题。

## 重在实践原则

两个"四力"之所以称为"力",而不称为"法",原因就在于"法"可以停留在口头上,而"力"必须见真见实于行动中,必须重在实践,才能显出力量。

媒体人"四力"的"笔力"居后,这表明和强调"笔力"的归结点地位与作用,也就是说,脚力、眼力、脑力的实践成果,最终都要通过笔力来呈现和表达,并由此完成媒体人"四力"从主观性向客观性的转化。否则,脚力、眼力、脑力就会留于自身,自己感觉到了,自己知道,而别人没有感觉到,别人不知道。因此,新闻实践中的改文风、改笔力,就显得尤为重要。

## 第四节 新闻守正创新的三个重要着力点

## 绷紧坚守党性原则这根弦

马克思主义新闻观的核心是党性原则。在我们党的历届领导人的新闻思想、新闻理论中,党性原则也始终是一脉相承的要害所在。

新闻舆论工作的意识形态属性，决定了新闻舆论工作的政治性、继承性、阶级性等，也决定了意识形态的领导权问题是新闻舆论工作的灵魂核心，坚持正确舆论导向是我党意识形态工作的本质要求。

作为新时代的中国新闻工作者，面对意识形态多元化的国际背景，肩负着巩固壮大主流思想舆论，讲好中国故事、传播好中国声音等使命任务，绷紧坚守党性原则这根弦显得极为重要。

新闻写作要仰仗"五大功力"，居首的应该是政治功力，即政治上的坚定性与自觉性。在当下，就是讲对增强"四个意识"、坚定"四个自信"、做到"两个维护"的坚定性与自觉性。可以肯定，政治上的"两面人"，以及政治上的糊涂虫，不仅当不好新闻记者，本质上也当不了新闻记者。"五大功力"中的理论功力表明，必须加强马克思主义、中国特色社会主义理论、习近平新时代中国特色社会主义思想等理论修养。政策功力则强调对党和国家大政方针、相关领域的有关政策、新闻写作所涉及的纪律政策等法规的熟悉了解。这些都与坚守新闻的党性原则紧密相关。

习近平总书记倡导的有思想、有温度、有品质的"三有"新闻作品，应该是具有新闻佳作"三要素"，即政治气质、天生丽质、艺术品质的"高颜值"作品，没有坚守新闻的党性原则奠定的基础、形成的底气、提供的条件，就无法接通"天地线"，所谓"三有"作品也无从谈起。

因此，媒体人的头脑里必须深刻牢记这句话：党性为魂，是新闻人安身立命的根本。

## 深刻理解与把握新闻传播的实效性要求

习近平总书记强调，做好党的新闻舆论工作，事关旗帜和道路，事关贯彻落实党的理论和路线方针政策，事关顺利推进党和国家各项事业，事关全党全国各族人民凝聚力和向心力，事关党和国家前途命运。必须从党的工作全局出发把握党的新闻舆论工作，做到思想上高度重视、工作上精准有力。

习近平总书记强调的"精准有力"，就是对新闻舆论工作必须坚持创新，以增强针对性和实效性的有力注解。习近平总书记在党的新闻舆论工作座谈会上提出党的新闻舆论工作要"从时度效着力，体现时度效要求"。他还强调，要实现新闻传播效果的最大化和最优化。他提出"四全媒体"，其中的全效媒体，也在强调传播效果。而总书记关于不断增强脚力、眼力、脑力、笔力，以及切实提高党的新闻舆论传播力、引导力、影响力、公信力的要求，应该视之为他重视新闻舆论传导效果的一贯思想。他提出的两个"四力"都是为增强新闻传播的实效性助力。就此，需要引起媒体人的深切关注、深入思考，并加以深刻理解、努力践行。

关于深刻理解与把握新闻传播的实效性要求，其中蕴含的道理并不复杂，就是媒体人承担的责任，无论是真理需要传递、正义需要伸张，还是美好需要弘扬，这一切都有赖于被接受，即有效传播。否则，无论再正确美好的事理，倘若没有被人理解接受，那也是毫无意义的。要处理好传播活动的主客体关系，也就是说，传导主体的一切努力，都要以达成传播对象即客体所接受为目的。因之，传导主体的受众意识及其在实践中的运用，就显得非常重要。

对于习近平总书记重视新闻舆论传导效果的一贯思想，一方面，需要在深切关注、深入思考的前提下加以深刻理解；另一方面，更重要的是要把这种理解力转化为行动力，去实现新闻传播效果的最大化和最优化。

媒体人的头脑里也要牢记这句话：有效传播是新闻人不懈追求的目标。

## 注重遵循新闻传播规律的实践成果

新闻守正创新修炼的重要着力点，实质在于将一些规律性的认识落实到行动中，并争取更多更好的实践成果。这其中主要涉及两个规律性问题。

### 尊重受众为上的规律

无论是新闻规律中真实、迅速的"两律性"，还是新闻传播规律中选择律、效用律、接近律的"三律性"，其核心都在于"接受"二字。在全媒体时代，信息接收的主动权越来越多地向受众方转移。所以，关心受众的接受喜好，研究受众的接受需求，顺应受众的接受心理，满足受众的接受要求，推进新闻产品的供给侧改革，就成为传播者必须切实面对并认真回答的课题。

为什么要受众为上？因为传受互动的要害在"受"。作为授受两端，授者一方提供的信息再多、自我感觉再好，而受众一方并不关心、不予理睬，授者的所有"动作招式"，便都成为无效劳动。一些报刊直接从印刷厂走向废品站，就是令人揪心的事实。

尊重受众为上的规律，之所以用了"为上"的字眼，而没有用"至上"的字眼，其原因在于新闻是精神产品，与物质产品有本质的不同。物质生产把消费者奉为上帝，这没有问题；但精神生产如果不加区分地将其产品与物质产品混为一谈，则可能与"守正"的要求相悖。因此，"奉读者为上帝"的说法与做法并不完全正确。受众的精神需求确实存在正确与错误、健康与病态之分，一味以读者为上帝，投其所好地迎合那些不良需求，传播者就会掉进错误的泥坑。娱乐新闻中低俗、媚俗、恶俗的"三俗"现象，就是必须防止和摒弃的。这体现的是尊重受众为上规律时"守正"环节的职责作用。

### 尊重新闻写作"用事实说话"的规律

可以从两个层面来认识这一规律的理论意义与实践意义。

从守正的层面看，新闻写作坚持"用事实说话"，不仅为新闻的真实性提供了重要保障，也为提高新闻舆论的传播力、引导力、影响力和公信力奠定了坚实基础。

从创新的层面看，新闻写作坚持"用事实说话"，是新闻可读性、吸引力、感染力的由来与归依。"用事实说话"不是拿一般的、寡味的事实来说话，而是拿生动鲜活的、最有代表性的、具有故事性特点的、最有说服力感染力的事实来说话。"用事实说话"有讲究、有技巧，技巧高低自然关联创新能力高低。

尊重新闻用事实说话的基本规律，有低层次要求，也有高层次要求。就低层次要求而言，譬如"五要素"问题，即何时、何地、何人、何事、何因（为何），这五个重要的事实必须交代清楚。为什么做新闻必须"五要素"俱全，且不能有误差？作为新闻人，这其中的道理应该认真想清楚。

就高层次要求而言，譬如用具有故事性特点的事实来说话就属于高层次要求，且具有特别突出的实践意义。习近平总书记提出，要坚持讲好中国故事、传播好中国声音。他将好的新闻作品与深入实际获取事实的关系，比喻为鸟的翅膀与空气的关系。没有深入实际获取的精彩事实的托举，好新闻作品便无以生成，更飞不起来。新华社2019年11月9日播发的重头通讯《情到深处——习近平同志与新闻舆论工作》，近万字的篇幅，几乎全由带有细节性的故事构成。这个例子对于新闻媒体人是很有启发的。

人们打小就喜欢听故事，这是人的好奇心等天性使然。新闻报道主张多一些故事化表达，就是向人的天性靠拢，符合传播规律的做法。故事具有材料运用上的核心情节和精彩细节，表现方式上有叙述手法、口语化表达等特点，因而，新闻报道中的故事化表达，能够增强报道的表现力、吸引力、可读性和感染力。

讲好故事有赖于深入地采访以赢得丰厚的素材，有赖于自身被感动写出以情感人的文字，有赖于留住细节以增强报道的叙事性与感染力等等。因此，讲好故事必须"四力"共举：要靠脚力去探寻，靠眼力去发现，靠脑力去筛选，靠笔力来表达。

《贵州日报》的消息作品《铜仁市"电子商务进万村"带来新鲜事（引） 村民网购西餐敬老　外国大厨进村掌厨（主）》获贵州新闻奖二等奖。笔者以《好消息来之不易》为题写了阅评文章，认为这是一则具有好新闻特质的作品，有五个值得肯定之处。一是新闻价值显著。质新性强，鲜活度高。偏远乡村的村民网购西餐敬老，还聘请外国人进村加工，的确是在改革开放大潮以及贵州全面小康建设中蹦出的一条"活鱼"，被记者准确捕捉，新闻价值及原创性价值很高。另外时新性也不差，4月15日发生的事，4月17日见报，对纸媒而言，够快了。二是以小见大。它不仅折射了贵州大数据产业发展的时代光芒，也折射了贵州农村电子商务带来的奇光异彩，还折射了改革开放带来贵州边远农村村民观念巨变的希望之光。消息的结尾说："网购西餐进村让当地群众大开眼界，村民们期盼，让更多的武陵山珍也搭上网络快车，走出大山，走出国门。"正是这些光照下的必然结果，也是该作品采写刊发的价值所在。三是有技术水准。消息用了两段式导语，将新闻的五要素做了清晰的交代。主体部分使用了故事性表达，新闻背景的交代也相当充分，新闻的结尾内容也不是画蛇添足，整个消息的结构显得周全与合理。四是符合真实性要求。消息中涉及的地名、人名、身份、年龄，以及有关数字等重要的新闻事实，都有清晰的交代，没有出现虚化、泛化的情况，增强了新闻的真实性与说服力。五是具有可读性。除该消息内容的新鲜性本身具有的吸引力外，该作品约770字的篇幅，却分为11个自然段落，平均每个段落仅70字。短段落的写作样式，为快节奏阅读与轻松阅读提供了便利，也增加了作品的可读性。

阅评文章评价："好的消息作品求之难得、来之不易，首先是指上佳的新闻素材时逢难遇，加之不能胡编乱造、无中生有，这就很有些'众里寻他千百度'的意味；再者，这样的素材一旦显现了，还仰仗一双发现的慧眼、一个有思考能力的头脑；接下来，还得靠一只善于表现的好手。因此，像这种抓住活鱼，写好消息的例子很值得倡导。"认为用现实的眼光来衡量，这应该是具有媒体人"四力"的好作品。

《贵州日报》的通讯作品《从三都少年来信看精准扶贫》，反映对三都自治县高硐村脱贫负有包保责任的县委常委、宣传部部长王炳银，殚精竭虑为有轻微智障的韦布世争取到包吃住、免学费的特殊儿童学校就读的机会，并想方设法让不愿离开母亲的韦布世接受到特殊学校就读，从而让韦布世母亲潘广花外出挣钱，家境得以明显改善这一精准扶贫事实。

通讯中有以下几段文字：

王炳银开始尝试解开韦布世的心结。他把韦布世拉到身边，写出一个"人"字，问他是否认识，小韦回答正确，王炳银立即大声表扬，夸其聪明，两人击掌庆祝。

接着又写"大"字，答对，再夸，再庆祝。

写"一"字，答对，继续夸，继续庆祝。

写"小"字……

不一会儿，韦布世被表扬了十几次。母亲潘广花说，还是第一次见儿子这么开心，这么哈哈大笑。

在王炳银的反复鼓励下，韦布世终于打开心结，答应到县城的特殊学校就读。

笔者在阅评文章中如此写道："这就是以精致的细节描写及故事化手法，精细反映出报道对象'把功夫下在每一个细微点上'的真切事实，很好地实现了'用事实说话'的规律性操作。"其中媒体人"四力"的作用也显而易见。

将本章的思想观点脉络概括如下："四力"逻辑链认知→新闻守正创新修炼→新闻有效传播目标，即通过深刻认知、扎实践行"四力"，强化新闻守正创新修炼，以推进新闻产品的供给侧改革，实现新闻传播效果的最大化和最优化。

# 第二章 ———

# 从实践层面
# 看新闻守正创新修炼

  新闻工作是一项实践性很强的工作。说其实践性很强，最主要的理由就是从事这项工作的能力高低，不能简单地与学历高低划等号。一个驾轻就熟、很少出错且常常出彩的编辑记者，并不主要是他背得住多少理论条文，掌握了多少速成秘诀，而主要是他注重实践中的感悟体会与经验积累。

  讲党的新闻工作者的职业要求，守正创新就是其职业要求最为重要的两个方面。守正是确保不出错，创新是追求要出彩。本章注重从实践层面诠释新闻如何唱好不出错、要出彩这"两出戏"，捞干货、举实例，力求对据实感悟新闻的入门之道及纵深修炼，发挥牵引向导作用。

## "守正创新"是出自"核心"的重要声音

习近平总书记在庆祝中国共产党成立100周年大会上的讲话中说："为了实现中华民族伟大复兴，中国共产党团结带领中国人民，自信自强、守正创新，统揽伟大斗争、伟大工程、伟大事业、伟大梦想，创造了新时代中国特色社会主义的伟大成就。"

新华社《深入学习领会习近平总书记关于守正创新的重要论述》一文指出："习近平总书记科学判断中国发展方位，深刻洞察新的时代特征，在治国理政中把'守正创新'科学概念突出地提到全党面前，对党的理论和工作、党的自身建设提出'守正创新'的明确要求，赋予守正创新在新时代党和国家各项事业改革发展中普遍性的指导意义。"

《人民日报》在《论学习贯彻习近平总书记在全国宣传思想工作会议重要讲话精神》的文章中强调："党的十八大以来，党中央把宣传思想工作摆在全局工作的重要位置，强调'经济建设是党的中心工作，意识形态工作是党的一项极端重要的工作'。经过5年多来的努力，宣传思想战线正本清源的任务取得重大成效，现在进入了守正创新的重要阶段。"

这就告诉媒体人，"守正创新"是习近平新时代中国特色社会主义思想的重要内容，它既是习近平治国理政的重要思想，也是党的新闻舆论工作的重要指导和根本遵循。

习近平总书记关于党的新闻舆论工作的一系列重要论述，既强调党性原则，又注重遵循规律。一方面，他强调新闻舆论工作必须牢牢坚持党性原则，牢牢坚持马克思主义新闻观，牢牢坚持正确舆论导向，牢牢坚持正面宣传为主；另一方面，他又强调新闻传播要注意创新，注重效果。

习近平总书记提出的新闻守正创新的要求，即不仅要做到新闻传播的正确，还要实现新闻传播的有效。这是党报理论和新闻传播一般规律作为马克思主义新闻观多维体系的两大要点在习近平新闻思想理论中的重要体现，具有极为重要的理论指导意义和实践价值。

有权威观点认为，实际上，新闻教育的核心不是技巧和知识，而是培养一种新闻精神。在我国，这种新闻精神就是马克思主义新闻观，这种培养不是一朝一夕的，需要对马克思主义新闻观进行理论学习，更需要将其中的认识论和方法论运用到日常的新闻工作中，才能既坚持党性原则，又能遵循新闻传播规律。

## 守正创新囊括新闻从业者的五大功力

政治功力、业务功力是记者编辑的安身立命之本。政治功力包括政治、理论、政策三大功力，业务功力包括专业和文字两大功力。守正创新囊括新闻从业者以上的五大功力。守正的重要使命是"做到对"，主要靠政治功力。创新的重要使命是"追求好"，主要靠业务功力。

## 守正创新修炼是新闻从业者的两大要务

### （一）守正"守"什么？

就是要坚持"四正"，把牢"四向"，即牢牢坚持正确的政治方向、正确的舆论导向、正确的新闻志向、正确的工作取向，在增强"四个意识"、坚定"四个自信"、做到"两个维护"中守方向、守立场、守根脉、守底线。

在具体的新闻实践中，守方向就是要按照习近平"四向四做人才论"的要求，坚持"四正"，把牢"四向"。这"四正四向"即正确的政治方向、正确的舆论导向、正确的新闻志向、正确的工作取向。

守立场就是必须做到"四个牢牢坚持"，即牢牢坚持党性原则，牢牢坚持马克思主义新闻观，牢牢坚持正确舆论导向，牢牢坚持正面宣传为主。

守根脉就是必须坚守党管意识形态，党管新闻舆论工作，坚守党性和人民性高度统一这根红线。

守底线就是必须做到、做好"四个有利于"，即有利于坚持党的领导和中国特色社会主义制度，有利于推动改革发展，有利于增进全国各族人民团结，有利于维护社会和谐稳定。

守正就是要讲政治立场和新闻取向的正确与坚定。习近平总书记关于新闻舆论工作职责使命的"48字"要求，核心就是坚持正确舆论导向。

新闻工作属于意识形态领域，为上层建筑范畴。对从业者的政治思想信仰、政治理论素养、文化思想修养以及政策法规水平等都有很高的要求。因此，只有加强政治站位、政治理论、文化思想和政策法规等方面的培养与修炼，才能适应工作的需要。

2021年10月8日，国家发改委、商务部就《市场准入负面清单（2021年版）》向社会公开征求意见：非公有资本不得从事新闻采编播发业务。禁止事项的主管部门为国家新闻出版署、国家广电总局、国家网信办，体现的核心要义是：新闻守正就是要"讲政治"，而不是"讲资本"或其他。

## （二）创新怎么创？

习近平总书记指出，随着形势发展，党的新闻舆论工作必须创新理念、内容、体裁、形式、方法、手段、业态、体制、机制，增强针对性和实效性。这一指示为党的新闻舆论工作的创新指明了方向和路径，9项创新的前面6项，即理念、内容、体裁、形式、方法、手段，都可以成为个人修炼的着力点。

## 第二节 　 "守正"实践的"三不三要"

### 不当糊涂虫，要做明白人

在媒体人队伍中，为什么会存在"糊涂虫"现象？笔者认为主要是因为这些人的脑子里存在五种糊涂观念。

其一，对新闻定义中的主观性含义缺少清醒认识。"新闻是新近发生的事实的报道"这13字定义，包含客观性和主观性两方面。"新闻是新近发生的事实"，表现了新闻定义的客观性一面；而"报道"，则表现了新闻定义的主观性一面。新闻定义落点归结于"报道"两字，表明新闻定义的主观性处于核心要害地位。就是说，"新近发生的事实"如果不被人为地加以"报道"，就不能成为新闻。在这里，人的主观选择性不仅是重要的、决定性的，而且也是带着强烈的意识形态色彩的。对新闻定义中的主观性含义缺少清醒认识，可能成为新闻从业者充当政治糊涂虫的重要根由。

其二，认为搞新闻能说会写就行。过去的纸笔时代以为当记者能"爬格子"就行，表现为"纯写手"思想；现在的电子化时代以为当记者能敲键盘就行，表现为"键盘侠"思想。这种糊涂观的潜意识表现，就是有意或无意地重技能、轻政治。对政治性内容的把握便难免慢一拍或慢两拍，甚至"一问三不知"。

其三，认为政治功力是时政记者乃至领导者的事。持这种糊涂观的人以为时政记者多与政治打交道，领导者时常要亲自操刀写言论大作，而自己作为搞经济、娱乐、体育、副刊等报道的记者，要那么强壮的政治功力有什么用？

其四，认为那些政治的东西枯燥乏味、令人生厌。

其五，认为守正会影响创新，讲多了没有好处。

持后面这两种糊涂观的人，很可能一只脚已跨进"危险之门"，自己却还不知道。因为他们不仅存在观念意识的模糊，还带有思想倾向的错误。总之，以上糊涂观导致的"内卷化"后果，必然是对新闻工作者政治素养的轻视与消减，以至当正确导向需要他们履行正确表达和守正把关功能的时候，就免不了出现荒腔走板、守土失责的情况。

媒体人队伍中的"糊涂虫"现象具有很大的危险性。在笔者的从业经历中，就遇到过这样一个封堵重大政治误差的案例。某出版物在表述"增强'四个意识'、坚定'四个自信'、做到'两个维护'"这一重大提法时，将其中的"做到'两个维护'"，误为"做到'四个维护'"，被笔者发现封堵。笔者分析认为，这一案例是由于误差责任人缺乏政治意识和责任意识，不仅对重要政治提法学习掌握不好，而且还主观臆断、凭空想象，以致造成重大误差。责任人自以为"增强'四个意识'、坚定'四个自信'、做到'两个维护'"的提法，前面的增强、坚定都说的是"四个"，后面的做到也应该是"四个"，于是将"两个维护"误为"四个维护"。而这样的误差一旦漏网刊登，其后果是十分严重的。

不当政治上的"糊涂虫"，要做政治上的明白人，需要走好"思想重视、加强学习、实践锤炼"这三条路径。

**思想重视**。最关键的一点，就是要从思想深处认清意识形态工作、新闻舆论工作，本质上就是一项"讲政治"的工作。要真正搞清楚，为什么说"新闻教育的核心不是技巧和知识，而是培养一种新闻精神"。

重视"讲政治"的要求，不断增强"讲政治"的能力，于公于私都非常重要。于公而言，一来是兑现恪守与遵循四个牢牢坚持、四个有利于。二来是实现精神产品的"安全生产"，不给单位和他人找麻烦。于私而言，从好的角度讲，出成绩、获奖励离不开"讲政治"讲得好（高颜值产品的"三要素"，居首的就是政治气质要强）。从坏的角度讲，出现导向问题将会给自己留下职业污点，甚至带来很严重的后果。

**加强学习**。就是要学理论、学法规、学榜样。

学理论，就是要认真扎实学习马克思主义新闻观，学习马克思主义新闻观的中国化成果，学习习近平新时代中国特色社会主义思想（包括习近平总书记关于新闻舆论工作的一系列重要论述）等等，不断强化自己的政治判断力、政治领悟力和政治执行力。

学法规，就是要认真学习重要的政策法规，尤其是与新闻工作相关的政策法规。以《中国新闻工作者职业道德准则》的学习而言，学好它、遵循它，就绝对不会在新闻真实性以及"有偿新闻""有偿不闻"等职业道德上犯错误。

学榜样，就是学习业界和身边"讲政治"讲得好的榜样，如国内的范长江、魏巍、穆青等，国际的埃德加·斯诺、安娜·路易斯·斯特朗等，他们都可谓"引领时代的新闻工作者"。同时，还可以从身边获中国新闻奖、长江韬奋奖，以及各地新闻作品和人物奖的同志身上学习成功的经验。

**实践锤炼**。就是要进行思想熔炼、情感磨炼、道德修炼和积累经验。

**思想熔炼**。比如对新闻伦理观的理解，由于新闻记者职业与政治的高度关联性，使新闻伦理问题带有浓厚的政治色彩。坚持党性原则，用马克思主义新闻观指导新闻实践，成为我国新闻伦理中占主导地位的价值理念。譬如党性与人民性统一，我们党的人民至上、以人为本的执政理念，在新闻实践中就会体现在对社会特殊群体的报道态度上面。那些对社会弱势或边缘群体的"新闻歧视"或"关怀缺失"行为，即为典型的新闻伦理失范。这就需要媒体人在新闻工作实践中不断锤炼，以增强政治自觉。在思想深处深刻理解"江山就是人民、人民就是江山"的本质含义，并用以指导自己的新闻实践行为。

**情感磨炼**。新闻界有一句俗话："要感动别人，首先得感动自己。"2020年至2021年的"战两役"中，很多事让媒体人见得十分真切。正如复旦大学教授张维为所言："我们对自己制度优势的自信，从来没有像今天这么亲切、深刻、真实、具体。这就是我们的'心胜'：西方模式走下神坛，美国神话已经终结。"这种"心胜"就是通过"事实胜于雄辩"的情感磨炼获得的。

截至2021年12月31日，美国约翰斯·霍普金斯大学的统计数字，美国新冠确诊数为54 252 641例，累计死亡824 342例。按美国3.27亿总人口计算，平均6人中即有1人确诊，平均396 6人中即有1人死于新冠。而同一时间的统计，中国确诊数为131 821人，累计死亡5699人。美国确诊数是中国的411倍，死亡数是中国的144倍。用美国的感染率、死亡率与中国的总人口换算，中国如果像美国那样抗疫失败，确诊数应为2.33亿人，死亡数应当是353.5万人。党和国家坚持近三年抗疫，让拥有14亿多人口的中国闯过了抗击新冠疫情最危险的阶段。两相对比，我们对"四个自信"的感受不仅应当油然而生，而且应当十分强烈。

**道德修炼**。新闻职业道德将守住新闻的"生命线"，即坚持将新闻的真实性原则放在十分重要的位置，因此，"真实是新闻的生命"成为新闻职业道德修炼的重要课题。这种修炼有底线与高线，底线是必须保证新闻的绝对真实；高线是力求达到新闻的精彩真实。

**积累经验。**这包括积累自己和他人的成功经验与问题教训。以政治素养统领获得的职业成功，在国内新闻界不胜枚举，这当中有很多值得学习借鉴的好经验。当然，自己和他人身上发生的问题与教训，也值得总结分析、认真汲取。一个有悟性、善于积累经验的新闻人，往往能收获事半功倍的成效。

## 不做"埋雷手"，要做把关人

何谓"埋雷手"？"埋雷手"是重要政治性、导向性误差的"始作俑者"，是政治上的糊涂虫使然。不做"埋雷手"，扼住要害把好关，在于人人心明眼亮、个个心中有数。

心中有数的关键之一在于熟悉重要提法概念，头脑里清晰地装着"见媒率"高的新语热词，做到心中有谱、手里有度（尺度）。

例如："江山就是人民，人民就是江山"不能误为"人民就是江山，江山就是人民"；

"政治判断力、政治领悟力、政治执行力"不能误为"政治领悟力、政治执行力、政治判断力"；

"忠诚、干净、担当"不能误为"忠诚、干净、担心"；

"新型工业化、新型城镇化、农业现代化、旅游产业化"不能误为"新型工业化、农业现代化、旅游产业化、新型城镇化"等等。

心中有数的关键在于经验积累，知道哪些部分容易出政治性、导向性问题。当下易出现导向问题的"三大差错"：即政治性差错、法规性差错、真实性差错。

## （一）政治性差错

政治性差错是指不符合"四个有利于"的要求，出现与"保持高度一致"不吻合的噪音杂音，造成重大质量事故，形成8种病态反应。

**1. 观念模糊症**。这种病症表现为政治思想观念模糊不清，在涉及政治概念表述及相关内容的报道中，缺少正确完整选项和全面准确表达的能力，而导致政治性差错。

如某报2021年3月24日的一则消息中说："该县召开党史学习教育动员大会，用一个个鲜活的历史教训，激发党员学习党史的热情。"这段文字中的"用一个个鲜活的历史教训，激发党员学习党史的热情"说法即为政治性差错的典型一例。我们党的历史中既有成功的经验，也有失败的教训，且成功的经验多于并重于失败的教训。习近平总书记在庆祝中国共产党成立100周年大会上的讲话中总结提出的建党精神："坚持真理、坚守理想，践行初心、担当使命，不怕牺牲、英勇斗争，对党忠诚、不负人民。"就是对党的成功经验的高度浓缩。《中共中央关于党的百年奋斗重大成就和历史经验的决议》，即党的十九届六中全会的决议，讲的也是重大成就和历史经验。某报的这句话中只提教训，不讲成就经验，实为政治不正确，是"观念模糊症"的病态反应。

**2. 人云亦云症。**这种病症表现为对"标新立异"的歪理邪说缺乏政治判断力，或随声附和，或妄加轻信、随意转发，成为歪理邪说的复印机或传声筒。

如妄议、妄传中美贸易战我国采取反制裁措施是错误的；或附和境外声音将我国反港独的举措污为破坏"两制"有损人权；或将脱贫攻坚中必要的输血做法一概斥为"养懒汉"；或转发"把国资分给13亿人"，以刺激国内消费的错误文稿等等。

境外媒体将"中国共产党"称之为"中共"，这是由他们的立足点和情感角度决定的，而国内的个别媒体也跟着这么说，在报道文字中出现这样的简称，暴露的可能就不仅仅是用语不规范、不庄重的问题，更有政治站位不当的严肃性问题。因此，不能将"庆祝中国共产党成立100周年"称之为"庆祝中共成立100周年"。而"中共中央""非中共人士"等说法，属别种类型的正常用语，则另当别论。

**3. 迟钝麻痹症。**就是对重大事项、重大问题、重要提法的发展变动缺乏政治敏锐性和判断力、领悟力，表现出漫不经心、反应迟钝的情状，报道中往往沿用老提法、旧概念导致政治差错。

如将经济发展由速度效益型转为质量效益型后的"又好又快"提法，仍旧称为"又快又好"；将经济社会从数量追赶型向质量追赶型发展方式转变后的"高质量发展阶段"的提法，仍旧称为"又好又快发展阶段"；将"'一带一路'倡议"的新提法，仍旧称为"'一带一路'战略"等等。

**4. 主观臆想症**。即缺乏政治意识和责任意识，不仅对重要政治提法学习掌握不好，而且还主观臆断、凭空想象，以致造成重大误差。

如对于增强"四个意识"、坚定"四个自信"、做到"两个维护"的提法，自以为前面的增强、坚定都说的是"四个"，后面的做到也应该是"四个"，于是将"两个维护"误为"四个维护"。

**5. 信口开河症**。由于自身政治判断力、政治领悟力欠缺，又加之标新立异的思想作怪，便产生口无遮拦、信口开河的现象。

如发出所谓敢想敢试，推动经济发展，在贵州"办个赌城如何"的错误声音；如总结某地乡村工作经验，随意抛出"富人治村"的说法；如把国内领导干部和国有企业负责人称为"老板"，说某某领导干部"亲自"出席某某会议或活动，将县乡级的会议冠以"隆重召开"之名等等，带有主观随意和信口开河的意味，应被禁止。

**6. 落后尾巴症**。指乱发议论，使言论文章成为酒肆吧台、街头巷尾牢骚怪话的应声筒乃至放大器。

如某报刊载《这是一个官员暴涨的时代》一文，将"公务员热"与"官员暴涨"胡乱划等号，文章作者经过3000余字的论述，便得出"的确，我们正处在一个'公务员热'的时代，也是一个官员无限暴涨的时代"的结论。文中"走上'官'道，那就'钱'途无量了""有人说，在北京西单十字路口，每一瞬间就有三四个地州级干部，十几个县团级干部通过。这并不是言过其实"。这类话语的出现，感觉作者是将散落于民间的闲言碎语、牢骚怪话信手拈来，拿到严肃的党报上随意发表，一些说法和观点的违规出格，几乎到了令人瞠目结舌的地步。

**7. 投其所好症**。将精神产品混同于物质产品，把"消费者是上帝"不加分析地移植为"读者就是上帝"，不论是非、不分良莠地投其所好，由此带来某些精神产品的劣质化倾向。如娱乐新闻低俗、恶俗、媚俗的"三俗"现象。广播电视媒体及新媒体的过度娱乐化、追星炒星等问题也十分突出。2021年10月29日，中央宣传部、国家广电总局就卫视节目存在的过度娱乐化、追星炒星等问题，对国内4家广播电视台进行约谈，要求必须坚决整改。这是对媒体"投其所好症"的一次专项治理。

某某影视明星的婚外情被追风热炒，影视界女艺人"以色谋名"的所谓"潜规则"展示，某某歌星的私生活乱象……不时在娱乐、社会新闻中大行其道，其实就是"投其所好症"在其中作怪。顺应这种"追星族"的不良需求，什么"影帝""影后""巨星""天王""男神""女神"等无限崇拜字眼充斥娱乐天地，与我们的信仰崇拜、英雄崇拜争人夺地，大相径庭。

**8. 粗心大意症**。即在撰写、输入以及编审等宣传报道工作中，对于重要名称、提法、概念等涉政内容过于粗疏、把关不严，出现多字少字、错字别字等严重差错。

如将"马克思"误为"马克恩"，将"胡锦涛"误为"胡绵涛"，将《共产党宣言》误为《共产党员宣言》，将"学史明理"误为"党史明礼"，将《毛泽东选集》四卷误为《毛主席语录》四卷，将"党的十八大以来"误为"党的十八以来"，将"党的十九次全国代表大会"误为"党的十九次全国人民代表大会"，将"全国人大代表"误为"全国人民代表"，等等。

某县在制作张贴宣传标语时，将"忠诚、干净、担当"误为"忠诚、干净、担心"。"担当"误为"担心"的一字之差，竟然成为国外敌对势力用来攻击我们的借口和武器，教训十分深刻。

## （二）法规性差错

这类差错属于在策划选题、报道内容以及语言文字使用等方面，出现与党和国家的法律规定、政策原则相违背的情况。

### 1. 新闻法规问题

我国有几十部法律法规涉及新闻传播的机构、内容、从业人员和传播行为，事关新闻传播与宪法、新闻传播与国家安全、新闻传播与社会秩序、新闻传播与司法公正、新闻传播与人格权、新闻传播与著作权等等，任何一项都事关重大、非同一般，绝不可掉以轻心。

既涉及法律又极为敏感的民族宗教问题，以及法律法规类词语的使用问题，其中产生的法规性差错，可能会带来严重的后果。如某报刊登《猪年说猪》一文，滥议回族群众的生活习俗，违背《中华人民共和国宪法》和《中华人民共和国民族区域自治法》中关于维护民族团结进步、各民族共同繁荣的法律思想，引起回族群众的极大不满，造成轩然大波，危及社会秩序，受到停刊处罚。某报拟采用一篇对贵州少数民族群众斗牛习俗有明显贬损意味的作品，笔者提议不能刊载，被编辑部采纳。在民族服饰、饮食习惯等其他方面，也可能有类似的情况出现，需要警觉注意。

关于正规、权威出版物错标民族自治地方名称的问题。《中华人民共和国民族区域自治法》第十三条规定，民族自治地方的名称，除特殊情况外，按照地方名称、民族名称、行政地位的顺序组成。如"三都水族自治县"，"三都"系地方名称、"水族"系民族名称、"自治县"系行政地位，这三部分构成民族自治地方的全称。特殊情况需要简称时，可以简略掉民族名称，即把"三都水族自治县"简略为"三都自治县"。如果将"三都水族自治县"简略为"三都县"，就有公然取消民族自治地方的行政地位、与法律精神不符之嫌，也在法规性差错之列。

在民族问题上，新华社作出规定，除对过去特定历史时期的表述外，不再继续使用"少数民族上层人士"的称谓；对各民族不得使用旧社会流传的带有侮辱性的称呼，不能使用"回回""苗子"等，而应使用"回族""苗族"等；不能随意使用简称，如"蒙古族"不能简称为"蒙族"、"维吾尔族"不能简称为"维族"、"朝鲜族"不能简称为"鲜族"等；口头语言或专业用语中禁用含有民族名称的污辱性说法，不得使用"蒙古大夫"来指代"庸医"，不得使用"蒙古人"来指代"唐氏综合征"等；少数民族支系、部落不能称为民族，只能称为"××人"，如"摩梭人""撒尼人""穿青人"，不能称为"摩梭族""撒尼族""穿青族"等等；不要把古代民族名称与后世民族名称混淆，如不能将"高句丽"称为"高丽"，不能将"哈萨克族""乌孜别克族"等泛称为"突厥族"或"突厥人"；"穆斯林"是伊斯兰教信徒的通称，不要把宗教和民族混为一谈，不能说"回族就是伊斯兰教""伊斯兰教就是回族"，稿件中遇到"阿拉伯人"等提法，不要改称"穆斯林"。涉及信仰伊斯兰教的民族的报道，不得提及与猪相关内容，穆斯林宰牛羊及家禽，只能说"宰"，不能写作"杀"。

在法律法规类词语中，新华社还规定，不宜称"中共××省省委书记""中共××市市委书记"，应称"中共××省委书记""中共××市委书记"；规定不要将"全国人大常委会副委员长"称作"全国人大副委员长"，也不要将"省人大常委会副主任"称作"省人大副主任"，各级人大常委会的委员，不要称作"人大常委"；一般不再公开使用"非党人士"的提法，在特定场合，如需强调民主党派人士的身份，可使用"非中共人士"，"党外人士"主要强调中共党内与党外的区别，已经约定俗成，可继续使用；国务院所属研究机构、直属机构和其他相关机构，称谓要写全，不要简称为"国务院"；国务院机构中的审计署的正副行政首长称"审计长""副审计长"，不要称作"署长""副署长"；各级检察院的"检察长"，不要写成"检察院院长"；"村民委员会主任"简称"村主任"，不得称"村长"；大学生村干部可称作"大学生村官"，除此之外不要把村干部称作"村官"。

规定不能将台湾、香港、澳门作为国家概念来表述，也不得将香港、澳门与中国并列提及，如称之为"中港""中澳"等。不宜将内地与香港、澳门简称为"内港""内澳"，可以使用"内地与香港（澳门）"，或者"京港（澳）""沪港（澳）"等。"台湾"与"祖国大陆（或'大陆'）"为对应概念，"香港、澳门"与"内地"为对应概念，不得弄混。

保密安全问题。《国家安全法》以及各领域的保密法规，对政治、经济、军事、公安、科技等领域的报道、出版等都有保密、安全的相关规定和纪律要求，必须加以遵循。例如对可能涉密的公开出版物，规定除应接受政治合格性审查之外，还要接受保密合格性审查。一些社会新闻的报道，将公安机关侦破案件的技术手段、细节情况和盘托出，既违反了保密法规，客观上也产生了教授不法分子躲避法律打击的不良后果。

司法公正问题。要注意避免"媒介审判"的负面效应，那种违背法律规定，超越司法程序，抢先对涉案人员做出定性、定罪、定刑以及胜诉、败诉等结论，造成新闻报道干预、影响审判独立和公正的"媒介审判"，会导致破坏司法原则的后果。《新闻法制学概论》认定，新闻媒介不可以报道的内容包括被告前科、性格说明、自白、测试结果、对审判结果是否有罪的预测，以及证据是否有价值的讨论等。

另外，我国《中华人民共和国未成年人保护法》和《中华人民共和国妇女权益保障法》中，就有对未成年人和妇女的隐私加以保护的内容。未成年人保护法除重申《中华人民共和国刑法》中未成年人犯罪案件不公开审理的原则外，第三十九条还规定："任何组织或者个人不得披露未成年人的个人隐私。"第五十八条规定："对未成年人犯罪案件，新闻报道、影视节目、公开出版物、网络等不得披露该未成年人的姓名、住所、照片、图像以及可能推断出该未成年人的资料。"《中华人民共和国妇女权益保障法》第四十二条规定："妇女的名誉权、荣誉权、隐私权、肖像权等人格权受法律保护。"《中华人民共和国老年人权益保障法》第三条规定："禁止歧视、侮辱、虐待或者遗弃老年人。"《中华人民共和国残疾人保障法》第三条规定："残疾人的公民权利和人格尊严受法律保护。""禁止基于残疾的歧视。禁止侮辱、侵害残疾人。禁止通过大众传播媒介或者其他方式贬低损害残疾人人格。"例如，不能对有身体伤疾的人士使用"残废人""独眼龙""瞎子""聋子""傻子""呆子""弱智"等蔑称，而应使用"残疾人""盲人""聋哑人""智力障碍者""智障者"等词汇。

基于遵守法规的立足点，新华社规定在新闻稿件中有8种对象不宜公开报道其真实姓名，即犯罪嫌疑人家属，案件涉及的未成年人，采用人工授精等辅助生育手段的孕、产妇，严重传染病患者，精神病患者，被暴力胁迫卖淫的妇女，艾滋病患者，有吸毒史或被强制戒毒的人员。

新华社还规定，对刑事案件当事人，在法院宣判有罪之前，不使用"罪犯"一词，使用"犯罪嫌疑人"。在民事和行政案件中，原告和被告的法律地位是平等的，原告可以起诉，被告也可以反诉，故不要使用"原告将某某推上被告席"这样

守正与创新——怎样成就一篇好新闻

带有主观色彩的句子。不得使用"某某党委决定给某政府干部行政上撤职、开除等处分"，可使用"某某党委建议给予某政府干部行政上撤职、开除等处分"。

在案件报道中指称"小偷""强奸犯"等时，不要使用其社会身份或者籍贯作标签式前缀。如一个曾经是工人的小偷，不要写成"工人小偷"；一名教授作了案，不要写成"教授罪犯"；不要使用"河南小偷""安徽农民歹徒"之类的写法。

### 2. 新闻伦理问题

新闻伦理就是新闻职业道德的规则与规范。由于新闻记者职业与政治的高度关联性，使新闻伦理问题带有浓厚的政治色彩。坚持党性原则，用马克思主义新闻观指导新闻实践，成为我国新闻伦理中占主导地位的价值理念，如有违背，必定是重要的法规性差错。

2008年汶川大地震报道中，一些新闻媒体记者不顾灾民悲痛心理而进行不当采访，"打破砂锅问到底"的新闻伦理失范提问，就刺痛了受害人及其家属的身心，造成不良的社会负面影响。

1997年，英国王妃戴安娜为躲避娱乐记者如"狗仔队"般的追踪，在巴黎遭遇车祸，死于非命，这种因新闻伦理失范导致的世界级典型案例，应该是我们中国新闻记者所不齿的。

### 3. 乱树典型问题

某些事件性或人物类的典型报道，表面上看是宣扬招商引资、快上项目、促进发展的好人好事，实质上是污染环境、破坏生态，与环境保护法相悖的"烂事"，留下的是典型报道上一笔经不起历史事实检验的"坏账"。

### 4. 出版行为问题

如在查阅某省32家报纸时，发现有10家报纸在出版时不标示当日报纸的版数，且成为较长时间来的惯常现象。一些报纸缺少报脚，致使出版单位地址及联系方式、印刷单位名称、发行信息、广告发布登记号、定价等信息缺失，造成违反《出版管理条例》规定的种种问题。

## （三）真实性差错

新闻失实会导致传播力、引导力、影响力、公信力"四力"丧失，因此应该列入导向失误的问题范畴。

真实性差错主要有以下几种：

一是新闻整体虚假。即编造虚构的假新闻，如"纸馅包子""金庸去世""洗衣粉""新疆棉花"事件等等。

二是新闻局部虚假。主要有三种情况：其一是一面之词，报道只及一面不及其余，有违全面、客观、公正原则；其二是表真实假，如稿件选编、版面安排、播出组合中负面新闻居多的问题，现象真实、局部真实（表面真实）不能冲击，更不能代替本质真实、全局真实，认清了这一点就认清了正面宣传为主的意义；其三是题文不符，即新闻标题上的说法在新闻事实中找不到依据，导致新闻标题的不真实，也是新闻局部虚假的一种现象。

三是新闻细节虚假。这种虚假主要由过度溢美的写作风气或粗心大意的工作作风造成。如某报刊登一篇反映某贫困县正在紧锣密鼓展开脱贫攻坚战的通讯报道，其中出现"在这里处处可见村美人富景象"的说法，即为典型的过度溢美造成的新闻细节虚假的例子。另外，一些"首个""位列第一"的说法缺少依据，"但凡""无不"等敏感字眼的使用产生的绝对化含义令人质疑，数字比例、地名人名的前后矛盾经不起检验等等，也应列入新闻细节虚假之列。

根据容易出政治性、导向性差错的经验积累问题，本节概括了12个"事故多发点"：

### 1. 敏感新闻

突发新闻、重大涉政新闻、民族宗教新闻、军事新闻、公共卫生新闻等，都要注重纪律规定，注意"时度效"要求。

譬如贵州"瓮安事件"的报道。如何做到既遵循党性原则，又尊重新闻规律，如何把握其中的"时度效"尺度，对政治操守和业务技巧的要求都非常高。事实证明，对于如此高风险的突发新闻报道，正是坚持了党管舆论的原则，坚持了人民至上的精神，坚持了新闻真实性以及正确把控"时度效"尺度的要求，不仅使报道任务圆满完成，而且让汲取教训的后续能量持续释放，产生了"坏事变好事"的社会效应。

而有的媒体在某些突发性社会新闻，如群体事件的报道中出现未经核实的猜疑说法，或在突发性交通事故的死伤人数上出现众口不一的情况等，则是敏感新闻报道中的负面事例，值得警惕。

更有甚者，某报在显著版面大篇幅刊发某市百名摩的司机手押民警"游街"报道，事涉某市派出所4名民警在值勤时，因查扣一辆非法营运摩的而与车主发生纠纷，摩的司机围攻值勤民警，还将民警扣押并"游街"示众。报道不仅描述了民警被"游街"的现场细节，还配发了摩的司机聚众扭打、押送民警的照片。报道刊出后，国内多家网络媒体转载，并引发境外媒体的炒作攻击，产生了十分恶劣的社会影响。

对于涉港澳台、涉疆涉藏等重大涉政新闻的报道，对于新冠疫情等公共卫生事件的报道，如何做到既真实、公开、透明，又严格禁止出现信谣传谣、各行其是的坏局乱象，其中的传媒责任也重如泰山。

### 2. 娱乐新闻

娱乐新闻的"三俗"，即低俗、媚俗、恶俗。对于明星的私生活，"狗仔队"追腥逐臭，大搞明星崇拜等等，大多带有"显著性"乱炒和错误新闻观张扬的特性，这是娱乐新闻成为导向问题事故多发点的本质原因之一。

2021年10月29日，中央宣传部、国家广电总局强调要坚持政治家办台，坚持社会效益优先，大力弘扬社会主义核心价值观，更加聚焦新时代火热生活，聚焦新时代奋斗者、劳动者，当好省级广电转型发展排头兵。

新闻媒体文娱领域过度娱乐化及"三俗"等现象的最大危害，可以上升到奉迎美欧敌对势力的"奶嘴计划"，成为败坏我们国体政体、人民肌体的帮凶与助手的危险性上来认识。

### 3. 网络信息

除某些自媒体上的"高级黑"现象之外，还有网络上不时泛起的淫秽色情、低俗庸俗、暴力血腥、恐怖惊悚、赌博诈骗、网络谣言、封建迷信、谩骂恶搞、威胁恐吓、"标题党"、仇恨煽动、传播不良生活方式和不良流行文化12类负面有害信息，以及无资质违规发布新闻的混乱现象等。

习近平总书记指出，推动媒体融合发展、建设全媒体成为我们面临的一项紧迫课题。要运用信息革命成果，推动媒体融合向纵深发展，做大做强主流舆论，巩固全党全国人民团结奋斗的共同思想基础，为实现"两个一百年"奋斗目标、实现中华民族伟大复兴的中国梦提供强大精神力量和舆论支持。

针对网络传播多元化，信息无处不在、无所不及、无人不用，导致舆论生态、媒体格局、传播方式发生深刻变化，新闻舆论工作面临新挑战的新特点，树立高度的责任意识，增强把关能力。既不能对噪声杂音放任自流，让关口失守；更不能随声附和、放大噪声杂音，沦为扩音器、放大器。一方面要禁绝内外敌对势力的鼓噪之声，禁止转发、转述那些所谓吸引眼球、标新立异却在政治信念、价值理念、道德观念上有问题的"高级黑"网络噪音；另一方面也不允许传播上述12类负面有害信息。

有人对网络上的"快餐乱食"现象发出警告之声："重视频轻文字已造成灾难性恶果。"认为短视频这种网络快餐在风生水起之时，也有沉渣泛起。只为把流量和爆款放在第一位，追逐出圈和10万+，一来短视频所配的文字错别字连篇，能写出妖艳花哨的抖机灵文案，却写不出一份文从字顺的规范文章；二来助长了浮夸艳丽、不务正业、急功近利的传播风气。本来简单文字就可以说清楚的事情，非要做成视频，配上乱七八糟的图片，叠加所谓的全媒体元素。既给受众增加了阅读障碍，也在舍本逐末中弱化了传播系统的文字表达能力。至于那些搔首弄姿，充满假丑意味的直播交友视频之类，则更是助长了"三俗"传播歪风。

### 4.副刊作品

文艺副刊作品的导向性差错，通常出在"三观"有问题，即世界观、人生观、价值观与主流意识形态以及社会主义核心价值观相违背的作品当中。某报副刊编辑曾有感言，在他们的办报历史中，曾经出现过一个故事或一首小诗导致读者对一项利国利民政策产生疑惑的严重事件，称教训不可谓不深刻。作为新时代新闻副刊的编辑，首先应该树立起政治第一大局观，要在任何歪风邪气面前都毫不动摇。

### 5.怪异策划

在新闻策划、报道谋划中，由于受到错误观念的诱导与影响，而产生迎合低俗、追新猎奇、标新立异、寻求刺激等不良策划，如少年犯罪、色情业内幕、人心不古、世风日下等新闻策划选题。某些出版社谋划《贪官众生相》《叛徒大观》《红墙秘闻》《某某功罪》等出书计划，明显有揭秘猎奇、展现垃圾、以求卖点等策划意图，但与出版纪律、保密规定等相悖，肯定不能被允许。

### 6.新闻标题

新闻标题除告知性外，还具有引导性、申明性等特点。思想认识模糊、新闻观念偏误、传导习惯添堵等问题，常常容易在标题上显露。因为标题是媒体的眼睛，故需要特别小心，避免出错。

譬如，原题《"寨主"侯美传》，笔者提出应修改为《"三实"书记侯美传》，或《"他就像我们的伙计"——丹寨县委书记侯美传与他的"三实"精神》（"三实"指的是实心为民、注重实际、乐于实干）；

原题《岑巩280名驻村干部乐当"和事佬"》，笔者将之修改为《岑巩280名驻村干部乐解"疙瘩事"》；

原题《计生委"收买"公安局征社会抚养费》，笔者将之修改为《计生"社会抚养费"亟待明白账》；

就《贵州人爱看的〈人生〉为啥被封杀？》这一标题，笔者写了《实为"叫停"何言"封杀"》的阅评文章等等。

## 7. 新闻言论

乱发议论易出噪声杂音。如某报"杂七杂八"专栏中有《奴隶时代》一则言论，讲鲁迅说了中国历史有两个时代，一是做稳奴隶的时代，一是想做奴隶而不得的时代。该文提出还有一个时代，"就是做着奴隶而不知道的时代，或可谓之自觉幸福的奴隶时代"。此文有春秋笔法暗喻现实、宣泄不满之嫌，这样的言论建议弃之不用。前面述及的《猪年说猪》惹了大麻烦，《这是一个官员暴涨的时代》聒噪得厉害，也是新闻言论导向事故的突出例子。

## 8. 转发文稿

这方面的误差主要有两种类型：

一种是遗漏重要时政信息的转发。2018年12月31日，国家主席习近平通过中央广播电视总台和互联网，发表了2019年新年贺词。次日，国内各主流报媒都在头版头条显要位置刊载了新华社这一重要电讯：《国家主席习近平发表二○一九年新年贺词》。然而，某省个别报纸却将这一重大新闻遗漏，未予刊载。该报不仅没有刊载习近平主席的新年贺词，反而在头版刊登了该报社长、总编辑的新年献词。为此阅评员指出，从政治层面考量，增强"四个意识"、做到"两个维护"是具体的，而不是抽象的，必须行动化而不能口号化。对新闻媒体而言，就是要体现在具体的宣传报道内容上。如果对于来自"核心"的重要声音置之不理，暴露的就不是鸡毛蒜皮的"小瑕疵"，或是可用可不用的技术问题，而是表现政治判断力、政治领悟力和政治执行力，乃至政治站位的大问题。

另一种是转发那些所谓吸引眼球、标新立异却存在政治信仰、价值观念、文明理念等问题的稿件。新闻工作者要旗帜鲜明地反对歪曲历史、美化反动、否定英雄的错误倾向，坚决抵制厚黑学、潜规则、圈子山头等封建文化糟粕和腐朽思想遗毒，坚决反对拜金主义、享乐主义、极端个人主义等不良风气，坚决反对天价追星、无聊游戏、奢华攀比等不良风气。

在新的环境形势下尤其值得注意的是，网络上敌对势力散布的反中仇中情绪，诋毁中国特色社会主义的种种流言蜚语，丑化中国形象的件件虚假报道，以及国内的所谓"公知"助纣为虐的丑陋表演，形成网络上的一派浊流。这些值得我们高度警觉，不仅不能以讹传讹，还必须坚决反对、予以痛击。

### 9. 版面语言

版面语言体现媒体的轻重关系的评价表达，因而版面语言常带有政治性、规矩性色彩。版面语言出错，常常被视为政治差错。

版面语言针对平面媒体而言，是指稿件的刊载位置、标题的字体字号，以及颜色选用、图片和言论的搭配、线条使用等技术性处理所形成的评价表达。比如，稿件的刊载位置表明对稿件重要性及报道价值等的轻重评价，重要性强、报道价值大的稿件应该放到版面的显要位置，以上下左右划分，通常是上比下重、左比右重；又比如，标题的字体字号，通常是黑体字重于宋体、楷体字，字号大的标题重于字号小的标题；再比如颜色和线条的选用使用，选用红色以及加色衬底，表明肯定与强调的意味。而使用线条加框，以及线条的粗细区别，也表明一种凸显和强调的意图；还有稿件是否搭配言论或图片，也表明稿件的分量评价，通常配置言论或图片的新闻，则报道分量都不轻。

广播电视也有类似平面媒体的版面语言情况，例如播出的先后顺序，以及是否配发评论和是否组成专栏、专题报道等，同样也体现了报道的评价表达。

版面语言的运用对于党媒而言具有特殊的意义。党报党刊党台党网要把引领导向的旗帜高举，把服务大局的旋律高扬，将鼓舞士气的鼓声播响，让凝心聚力的号音嘹亮……版面语言的精妙运用在其中起着不可轻视的作用。可以说，读者受众对党媒立场、编辑思想、感情倾向的感知，不少情况下是通过版面语言来获取的；领导层对党的媒体完成规定性要求的情况以及政治意识、大局意识、核心意识、看齐意识的强弱评价，很多时候也是通过版面语言来加以考量的。

版面语言使用得不合理、不到位，尤其是一些重要时政新闻的版面语言出现不合理、不到位的状况，也是构成导向偏误的一个重要方面。

某报某日的头版头条刊载新华社要讯《习近平对脱贫攻坚工作作出重要指示强调（引）真抓实干埋头苦干万众一心夺取脱贫攻坚战全面胜利（主）李克强作出批示（副）》，当日同版刊出了"走向生态文明新时代"等两个专栏报道，而"脱贫攻坚'春风行动'来一场振兴农村经济的深刻的产业革命"专栏报道内容，却置于当日的2版刊登。阅评员认为，从版面语言中稿件的组合与呼应的需要考虑，当天头版的"走向生态文明新时代"等两个专栏报道内容，可任取一个置于2版等其他版面刊登，而置于2版的"脱贫攻坚'春风行动'来一场振兴农村经济的深刻的产业革命"专栏内容，应安排在头版刊载，以形成对头版头条内容的积极呼应。这样做，版面语言呈现的传播力、引导力和影响力，肯定会更好一些。

### 10. 乱动经典

用引号引出领袖等重要人物的话语或文章里的文字时，出现多字少字、错用标点，甚至改变语意等情况，也在政治性差错之列。国防大学教授金一南向某报提供文章，标题为《战争的伟力之最深厚的根源存在于民众之中》，这是引用毛泽东《论持久战》里的经典语录作为标题。而某报编辑认为其中有文字赘

守正与创新——
怎样成就一篇好新闻

余，要删掉第一个"之"字，被制止。

2021年12月11日某台播出学习贯彻党的十九届六中全会精神专题报道，对某省委书记的专访字幕，出现将习近平总书记指示的"在生态文明建设上出新绩"，误为"在生态文明建设上出新计"，也为乱动经典一例。

### 11. 网语滥用

新华社规定了新闻媒体和网站应当禁用的38个不文明用语，如装逼、草泥马、特么的、然并卵、屁民、吃翔，还有加班党、宅家党、带娃党之类。如果任凭网络不文明、不规矩词语滥用，不仅不利于传媒运作中的"真善美"表达，也对保持维护祖国语言的规范性、纯洁度造成十分不利的影响。

### 12. 时政图片

时政图片包括反映时政性新闻的单幅或组合类图片，以及为时政类文字报道配发的相关图片。从已经发生问题教训的实例来看，在时政图片上产生的重要差错主要有以下5种情况。

一是驴唇马嘴。这种情况主要发生在时政类报道配发的图片与文字报道内容不相符，如某报头版头条刊载标题为《坚决打赢深度贫困地区脱贫攻坚硬仗 以优异成绩迎接党的十九大胜利召开》的要闻消息，并配发两张新闻图片，一张图片说明为："8月6日，全省深度贫困地区脱贫攻坚工作推进大会在××召开，省委书记、省长某某某出席会议并讲话。"另一张图片说明为："8月6日，全省深度贫困地区脱贫攻坚工作推进大会在××召开。"然而，第二张图片的画面不是全省深度贫困地区脱贫攻坚工作推进大会的会场画面，而是"第十届中国—东盟教育交流周开幕式"的现场画面，要闻报道中出现重要差错，造成很不严肃的时政报道负面影响。

阅评员分析认为，重大时政新闻报道，常常是文字唱主角，图片为配角，文字为重，图片为轻，"编组发"的注意力常常偏重于文字，而导致图片被忽略的情况。可是，新闻报道中的差错可能出现在出版工作的任何环节，稍有大意便可酿成错失。这种情况警示媒体人：新闻工作的特性要求从业者养成时时严密、处处严谨的职业习惯，不给差错任何"乘虚而入"的机会。另外，该案例中出现的问题图片，画面上其他文字不甚清晰，"开幕式"三字却一目了然，但通读报道文字，并未出现"开幕式"的说法。如果责任编辑、组版编辑、值班主任乃至签发总编认真细致、多个心眼，想一想其中为何不一致，再对图片画面的真实性与吻合度做一些推敲，这个差错或可避免。这就提示媒体人在新闻工作细节中秉持认真精神和责任心的重要性。

还有一种差错实例，即图片的文字说明与图片画面不一致，导致驴唇不对马嘴。这种情况如发生在重要时政新闻报道中，影响也很不好。

二是意境不良。如某报头版头条刊载要闻消息《2016年义务植树活动暨全省造林绿化推进大会举行》，但是为该消息配发的图片显示，正在挥铲培土植树的几位省领导身后，有10多个人无所事事地站立旁观，袖手旁观者明显多于动手植树者，

守正与创新——怎样成就一篇好新闻

向人们展示了一幅"领导植树、旁观者众"的画面，与推进大会"人人参与造林绿化"的倡导很不协调。又如某报在刊登国家某领导人遗体告别仪式消息的同一版面上，刊发一幅喜气洋溢的图片，也导致意境不良的传播效果。

三是领导缺位。摄影记者工作中出现两种主观因素，可能导致图片上的领导缺失情况。一种是记者抓拍时遇到某领导因故离席，而记者拍完即离场而去，没有核实情况而致差错；另一种是记者拍摄角度不好，全景意识不强而致缺失。

四是图片反转。某报在报道全国一重大会议的时政要闻时，发生将配发图片反转刊登的重大差错，致使图片上的主席台座席左右错位，主席台上方的徽记也反转错置，造成很不好的政治影响。

五是版本差错。如某杂志刊登《中华人民共和国建国方案的形成和确立》一文，在此文首页上方，使用了油画《开国大典》的图片，但使用的不是陈列在中国国家博物馆的规范版本，而是"文革"版本。重要历史图片使用不正确版本，也会造成不良影响。

2022年5月在互联网上热议的我国教材教辅中的"黑插图"现象，给予国人和国内出版界莫大的警示：第一，以图片作为武器展开居心叵测的进攻，具有特别的阴险性和杀伤力；第二，"重文轻图"的出版行为与偏向，很可能为别有用心之人提供祸乱天下的机会。想想看，"侵华日军背中国老太太"的照片，竟然被一本小学语文教辅书用作雷锋的故事插图，这是想告诉孩子，这名日本兵就是雷锋吗？还是说日本兵的行为就是"雷锋精神"的体现呢？这种别有用心真是到了登峰造极的地步。"毒教材"祸乱了当初的苏联，也祸乱过香港，警醒我们对"毒教材"绝不可等闲视之。

值得引起注意的是，前述的"三大差错"和12个"事故多发点"，常常是新闻中"高级黑"的主要来源和防范重点。

做好新闻守正工作，坚持正确舆论导向，最首要的一点，就是要提高新闻工作者的政治素养，增强守土把关能力。当然，从技术环节上看，也有值得研究之处。就经验提示来看，主要有以下几点：

**1. 进一步强化关口前移的举措及保障机制。** 最大限度减少写稿环节的差错，最大限度消减重大差错的"始作俑者"以及"埋雷"现象。

鉴于责任编辑和校检人员通常不会将稿件中的正确表述修改为错误表述，所以媒体差错，尤其是带有隐蔽性的政治导向差错，往往都有一个"始作俑者"，那就是作者自己。要减少以至消除媒体重大误差，实为根本性的举措之一。从保障机制上讲，则不仅要处罚差错封堵的失职者，对差错的"始作俑者"也要视情况给予一定震慑力的处罚，以儆效尤。

**2. 进一步强化各把关环节的工作责任心。** 养成对重要部位（如重要人名、职务，重大提法、概念，重要名称、数字，及其他事故多发点）多看几眼、细而又细的职业习惯，大力提倡各环节同志对存疑点和拿不准的问题认真查对、多加推敲的严谨作风。

**3. 进一步强化基础性工作**。有必要仿照某报"政务简报"领导排序提示的方式，针对重大提法、概念，尤其是"见媒率"高的热词进行梳理、归纳，形成纸质或电子档提示向各环节提供，以便平时学习或必要时查对。

## 不做"纯写手"，要做"持重人"

所谓"纯写手"，实为"只专不红"的化身，是新闻人中持"搞新闻能说会写就行"等糊涂观念的必然结果。

新闻"持重人"是政治坚定的新闻工作者、引领时代的新闻工作者、业务精湛的新闻工作者、作风优良的新闻工作者。

新闻"持重人"可以分为"低、中、高"三种境界。

新闻"持重人"的低境界：基本停留在能够消除封堵新闻中文字硬伤，即明显性、一般性差错的境地。

新闻"持重人"的中境界：能够消除封堵政治性、导向性差错，包括消除"三大差错"、12个"事故多发点"问题以及消除"低级红"等。

何谓"低级红"问题？"低级红"是隐藏在正面报道、表扬报道中的一种导向性偏差，是将不该肯定的拿来肯定，不该宣扬的拿来宣扬，或说了过头话而影响新闻的真实性等看似红色实则非红的报道现象。"低级红"通常比较隐蔽，又因其以正面报道的模样出现，容易成为导向把关中的漏网之鱼。

"低级红"的原因及表现主要有以下五点：

## （一）认识有误，混淆是非

指鹿为马、胡乱臆测，以致将"非"当作"是"来加以肯定宣扬，实为大谬。

例如，某报刊登一则消息，题为《大年初一　登高望远迎新年》，其中写道："这一天，几乎每一位从小高山下来的市民手上都拿着柴。登高拾柴，即捡财归家之意，祈求在新的一年财源滚滚、阖家欢乐、幸福安康。"在阅评员看来，这样的宣传引导存在问题，应视为媒体传播中的"低级红"现象。第一，民风民俗也有好坏之分。正确的舆论导向应该传导勤劳致富、创业致富、科技致富等等，对所谓"抱财回家"的习俗观念不宜渲染提倡；第二，某地小高山上发生的情况，拿到强调"绿色发展"理念的现实背景下，与某省贯彻"十四五"规划"1234"总体思路相比较，显得非常不和谐；第三，节日"抱财回家"的民风不仅不能公开宣扬提倡，媒体的正确做法是加以督促提醒，让有关方面加强生态保护，防止不良情况的发生。

一些生态环境保护上的"假作为"被当作正面典型来宣扬，记者主观上的受骗也会导致客观上的"低级红"。

此外，某县级融媒体中心在文明创建活动中，不仅暴露了社会上的某些不文明现象，还将这些不文明现象的当事人拿到媒体上曝光，让他们作所谓的反省、检讨，构成了新闻实践中的又一种"低级红"现象。需要指出的是，媒体只有合理地暴露社会上不文明现象的职责（合理是指暴露中实行必要的隐秘化的技术性处理等等），而没有充当道德法官、拿当事人来加以公开曝光的权力。

## （二）政策"打架"

比如错误的操作造成招商引资观念政策与生态保护理念政策的冲突等。

例如在一些招商引资的报道中，大力宣扬某些市县改善营商环境、制定优惠政策，成功实现某些引资项目的正面典型报道，后来事实证明是不符合绿色发展要求的污染性项目，要让别人来"擦屁股"。再往前推移，当初大力发展乡镇企业时，某省不少典型报道把小冶炼带来的"村村点火、处处冒烟"作为令人欣喜的现象加以宣扬，其实也是经不起历史检验的"低级红"陈迹。

某报曾刊出一条消息，主标题为《查处一起违法养殖野生动物行为》，反映某市自然资源局查处某村一农户养殖野生动物的情况，称该农户养殖野生竹鸡、斑鸠及七彩山鸡18只，相关部门查处后将其放归大自然。报道中还出现"违法养殖""非法养殖"等定性式说法。阅评员认为，在疫情影响的大背景下，全国人大等部门出台了"禁野令"，给人工繁育养殖野生动物出示了"红牌"。但是，要看到"禁野令"之前的农村野生动物养殖，已形成一定的规模，在农村脱贫攻坚进程中发挥了不小的作用，客观上已成为政策允许甚至鼓励的东西。"禁野令"之后，如果仅仅是简单的一查了之、一罚了之，就有前后政策"打架"

之嫌，就有可能造成建档立卡贫困户脱贫无望，部分群众致贫、返贫的难题。实际上，国家出台"禁野令"也并非一禁了之，而是有配套政策的考量。所以，新闻报道要避免简单化的一查一罚了之，要注意把握好政策导向，分清采取"内参"反映和公开报道的不同选择，选取适当的报道方式。

### （三）顾此失彼

如典型人物的报道存在不合理，甚至不合法规的思想或事实元素。

例如，某报在头版以醒目标题刊出《村民某某一个人扛起家庭重担，含辛茹苦培养出四个大学生——好家风传递正能量 小家庭折射大文明》一文。报道清楚地介绍该村民与丈夫生育了5个孩子，其丈夫于2014年因车祸去世，她一人独立担负家庭重担的事实。阅评员指出，该村民生孩子期间，正值国家实行严格的计划生育政策，其家庭行为明显有违法规。另外，她生了4个女孩，到生了第5个男孩才打住，这是不是存在性别偏见？故这篇人物典型报道的所谓"大文明""正能量"，其实是令人质疑的。

### （四）"非理"想象

就是以主观占据客观，以主观臆断代替客观事实。新闻写作中不当或过度的抒情与议论，也在这种毛病之列。

例如记述黄继光牺牲的某通讯中有这样的描写："这时天

快亮了，40分钟的期限快到了，而我们的突击队还在敌人的火力压制之下冲不上去。后面坑道里营参谋长在望着他，战友们在望着他，祖国人民在望着他，他的母亲也在望着他，马特洛索夫的英雄行为在鼓舞着他……"在这里，四个"在望着他"和一个"鼓舞着他"，属于记者的"非理"想象，无法被证实，在新闻报道中是不宜出现的。

### （五）溢美致误

就是把好话说过了头，致使新闻失真。

如某报道中说："某某县的变化，从某某集团对口帮扶该县开始。"如此说法，既有夸大某某集团的对口帮扶作用之嫌，也将新中国成立以来各级党政的作为一笔勾销，与党史学习教育的宣导要求不符。

"低级红"的发现与消除，有赖于新闻工作者不断增强"脚力、眼力、脑力、笔力"中的"脑力"作用，不断增强理论水平与政策水平，不断提高职业道德修养，不断积累工作经验，如此强化自己的"脑力"，以消除新闻实践中的"低级红"产生的土壤条件。

新闻"持重人"的高境界：达到政治自觉程度，并据此策划、创作"高颜值"的精神产品。

这里有一个观点需要阐明，新闻传播不仅要做到正确，还必须做到有效。所以，努力创作大众喜闻乐见的"高颜值"精神产品，应该是新闻守正之"守"的题中之义。

"高颜值"新闻产品具有"三要素"：政治气质、天生丽质、艺术品质。政治气质是指政治意义所赋予的价值分量；天生丽质是指新闻素材自身所具有的价值元素；艺术品质是新闻所得到的精彩表达。其中，政治气质在"高颜值"新闻产品"三要素"中居于首位，它既是守正的重要要求，更是铸就"高颜值"新闻产品的必备条件。新闻作品的政治气质越强，则影响力越大、社会效益越好、传播力价值越突出。政治气质是什么？关键要看"三大价值"，就是"高举旗帜的导向价值、服务大局的指导价值、鼓舞士气的感召价值"。

以获2020年中国新闻奖一等奖电视专题作品《我是188万分之一》为例。

其政治气质：取材中国战贫的惊世业绩，聚焦脱贫攻坚难度最大省份贵州的"样板作为"，高举旗帜、服务大局、鼓舞士气、凝心聚力的色彩非常鲜明。

其天生丽质：报道中选取文家秀及其家庭作为典型对象的原创性和唯一性，"爸妈，幸福生活就缺你们"这一报道视角的独特性等。

其艺术品质：全屏记者、主持人不露面，所有故事由报道对象讲述，非常切合"用事实说话"的新闻表达基本规律。其他如细节展示、亲情流露（有温度）、蒙太奇手法的运用等等，也堪可称道。

这种"高颜值"作品能给予媒体人非常丰厚的持重功力启示。

## 第三节　"创新"实践的"三解三做"

新闻贵在创新，也难在创新。

对于创新之难点，需要面对和解决好三个主要问题。

一是解决"不想做"的问题。就是要克服职业中的惰性。人人都有惰性，而惰性是创新的大敌。新闻有体裁，创作有模式，跟着惯性走，顺着梯子滑，按着葫芦画瓢，既轻松又愉快。而创新则要摒弃惯性、另辟他途，内心"不想做"，创新就无从谈起。为什么会有"复印机"或"传声筒"现象？惰性恐怕是主要原因。

二是解决"不能做"的问题。创新是需要能力支撑的。如何另起炉灶，如何创新新闻的写作，如何掌握讲故事的技巧，如何落实巧取角度的要求，如何生成媒体融合的好点子，如何改进短视频的制作等等，这一切都必须实打实去做，如果眼高手低，也无法完成创新的使命。

三是解决"不长做"的问题。新闻讲的是"苟日新，日日新，又日新"，它周而复始，没有止境。推陈出新是一个常态化的工作，这一次用创新的手法完成了一件新闻作品，接下来又得思考下一件作品的创新问题。故而新闻的创新要不断去做，需要坚持不懈的精神及持续创新的能力。

接下来可以从选题环节与写作环节对创新实践提出以下思考建议。

## 选题环节：以高颜值"三要素"来掂量

"三要素"之首：政治气质。以政治气质作为新闻报道选题的首要条件，既是守正的重要要求，更是铸就"高颜值"新闻产品的必备条件。新闻作品的政治气质越强，则影响力越大，社会效益越好，传播力价值越突出。

2021年央视国庆海采《说说咱心中的国》也堪称佳作。其"三要素"的政治气质：非常鲜活的"三爱"教育；天生丽质：众多被访者都说服力十足，正能量满满；艺术品质：采撷发自内心的话语，凸显同频共振的感染力。海采中，贵州长顺县热水村葡萄种植户熊桃香的丈夫在接受采访时说："为脱贫攻坚点个赞！为中国共产党点个赞！"这些话就是发自内心的。

这些作品前期选材的主要着力点，就是在政治气质的估量上。

## 写作环节：以"九个改"为落点

新闻创新在写作环节的体现就是6个字，即"改文风、强笔力"。就是说，改文风才能强笔力，强笔力必须改文风。

改文风主要体现在"九个改"，即改虚空为实在、改抽象为具体、改笼统为细节、改浮浅为深刻、改冗繁为简洁、改浮华为质朴、改说教为谈心、改陈旧为鲜活、改惯常为新颖。

## （一）改虚空为实在

新闻的虚空有几种表现，一是以"工作性"代替"新闻性"，把新闻写成了工作总结、文件报告，缺少新鲜性、贴近性、指导性、服务性的内容。二是事实性内容的虚化和泛化，如新闻"五要素"有缺失，尤其是何时、何地、何事交代不清，或用"老张老李"代替真名实姓等。三是信息量不足或有缺失，如经验类信息，对"123工程""某某工作法"等究竟是怎么回事缺少交代或语焉不详；服务类交通类信息，如何时何地乘车、行走路线交代不清等等。克服这些虚空现象，让新闻实实在在、明明白白，是新闻写作的本质要求。

## （二）改抽象为具体

必须尊重新闻"用事实说话"的基本规律。新闻写作中不能用抽象的、概念化的东西来替代具象的描述和具体的事实。譬如，"欣喜若狂"是一个不错的成语，但对于究竟"狂"成了什么样子，并没有具体的描述，而仅仅是一个概念。来看《解放日报》1945年8月16日特讯《延安庆祝日寇无条件投降》中的这段文字："一个卖瓜果的小贩欢喜得跳起来，把筐子里的桃梨，一枚一枚地向空中抛掷，高呼'不要钱的胜利果，大家自由吃呀'群众报以热烈的掌声。"这就是用事实说话，将抽象改为具象的极好一例。

为什么会有读图时代出现，为什么新媒体产品中的短视频如此火爆，抖音、快手等广受欢迎，粉丝无数？撇开其内容不说，其手法上成功的重要原因就是其具象表达满足了受众的需求与喜好。

## （三）改笼统为细节

新闻写作如果贪大求全、面面俱到，往往容易犯宽泛笼统的毛病。要顺应受众喜欢听生动故事、不喜欢听乏味报告的习惯，就要善于选取有利于细节表达的角度，精选精用细节性材料，以达成留住细节、动人心魄的传播效果。如被蒋子龙评价为"让敬重油然而生"的通讯作品《县委书记姜仕坤》，就浓缩精选了姜仕坤以命搏苦、战贫斗困的4个故事。通讯《行车途中突发脑梗，减速、停车、拉紧手刹、转移乘客……剑河公交司机吴毅倒下前的最后一刻》，标题中已有细节，全文浓缩表达吴毅生命逝去的最后一刻，抓住了人物崇高精神的最感人之处。

改虚空为实在、改抽象为具体、改笼统为细节，其共性点或核心点就是新闻的"拿事实来说话"。这是新闻人最紧要的"看家本领"。当然，"拿事实来说话"不是拿一般的、寡味的事实来说话，而是拿生动鲜活的、最具典型代表性的、最具有故事性特点的、最有说服力感染力的事实来说话。

## （四）改浮浅为深刻

报道中的一般化、似曾相识的状况，与选题的共性、内容的浮浅有较大的关系。

值得提出的是，新闻改浮浅为深刻，媒体人"四力"中的脑力起着至关重要的作用。报道的人物有没有典型性、代表性和感召力，报道的事件、经验有无重要性、指导性和启示性等等，固然需要脚力、眼力去挖掘发现，但更需要脑力去鉴定筛选，以至决定表达的手法和方式。另外，传统平面媒体具有注重宣传价值、可保存的特点，就更需要走脑力主导下的"改浮浅为深刻"的路子。

## （五）改冗繁为简洁

少些长文章，多些短文章；少用长句式，多用短句式；少些长段落，多些短段落；少用生涩语，多用大众语等等。主张多写短报道，并不是不加分析地一味排斥长文章。真实显深度、有力度的报道，适当长一些是应该的。

业界有这样的观点："短视频正在消解我们对复杂性的理解。"这种观点所凭借的现象告诉媒体人，对于新闻的长与短、繁与简，不能简单地、更不能绝对地赞成什么或否定什么。

## （六）改浮华为质朴

"浮华"是什么？无关痛痒的议论，无病呻吟的抒情，包括成语、诗句、优美词汇的误用、滥用等等，都是"浮华"的表现，都在应改之列。所谓"质朴"，主要是指写作中白描手法的运用，此外还包括要多用群众语言，多写家常话、简短话、直白话等等。

## （七）改说教为谈心

通讯中的夹叙夹议，尤其是新闻言论的写作，包括新媒体视频作品中主持人的语言语气，都应该避免高人一等的姿态和耳提面命的口气。需要改命令为协商，改训斥为提醒，改单边为交流，总之要尽力营造平等待人、以人为友的语境与气氛。新媒体以其参与性、互动性强，及其关注力仰仗接近性、亲和力来实现的特点，更需要营造这样的语境与气氛。

## （八）改陈旧为鲜活

做新闻就要不断推陈出新，不断地以鲜活示人，包括内容的鲜活、形式的鲜活、手法的鲜活等等。

如人民日报网评文章《对泄露隐私的行为果断说不！》针对成都市新冠疫情确诊病例赵某某个人信息在网络平台流传，涉及其姓名、身份证号码、家庭住址、照片等信息，引发网友热议一事严肃发声，实属内容的鲜活；新华网为了传达好党的十九届五中全会精神，创新推出"100秒漫谈斯理"栏目，聚焦《如何理解党中央的这个"首次明确"？》《读懂发展数字经济的"123"》《中国特色社会主义制度好在哪儿？》等话题，实属形式、手法的鲜活。这些好的新闻实践范例很值得认真揣摩和学习借鉴。

## （九）改惯常为新颖

要通过媒体融合发展，改变传统的新闻传达惯常模式，为其注入新的生机与活力，形成多元化、新颖性的传播格局，给受众提供更多喜闻乐见的精神产品，让新闻传播更受人欢迎。

# 第三章 ——

# 给隐性差错"排排队"

　　新闻队伍建设主要有两个着力点：一是强化队伍的政治素质、职业精神，让队伍政治坚定、能打硬仗；二是增强队伍的业务素养、融合技能，让队伍善于深挖内容，实现"内容为王"。

　　第二个着力点又包括两个方面：一是强内容；二是堵差错。

　　堵差错也包括两个方面：一是堵导向性差错；二是堵技术性差错。而技术性差错又包含多字少字、错字别字、文句不通等显性差错，以及其他不易发现的隐性差错这两种情况。

　　有些差错往往是固执地出现，常常成为差错封堵的"漏网之鱼"，造成这种现象最主要的原因，就在于这些差错的隐蔽性。因此，很有必要"给隐性差错'排排队'"，在梳理归类中去除罩在隐性差错上面的雾霾，以利于更好地认清它、消除它。

## 第一节　十四个类型的隐性差错

　　新闻报道中具有隐蔽性特点的差错，确实是一个发现与消除的工作难点。因此，对隐性差错进行针对性、规律性，并富有警示意义的发现、梳理和汇总，对于新闻报道工作质量的改进与提升，委实是一件很有意义的事。

　　以下是笔者在工作中梳理总结的十四个类型的隐性差错：

### 大谬类

　　所谓"大谬"，是说差错的性质非比一般，相当严重。在隐性差错中，大部分属于语言文字方面的技术性差错，而"大谬类"差错，基本上都在政治性差错之列。当然，"大谬类"差错作为隐性差错的一种，同样具有读起来通顺的特点。由于其差错性质非比一般，带来的后果可能相当严重，故在对隐性差错排队时，将它排在首要位置。

　　请看下列说法：

　　A．习近平总书记提出："绿色青山就是金山银山。"正确表述应为"绿水青山就是金山银山"。

B．出口美国、俄罗斯、瑞典、香港、台湾、泰国、越南等国。将香港、台湾称为国家是严重差错。

按《报纸质量管理规定》，这类重要信息差错均要受到加倍计错处罚，甚至更甚。

## 过誉类

即报道中褒誉过度而影响真实性。

譬如将"脱贫攻坚指日可待"的说法修改为"脱贫攻坚前景可期"；"提起40年来生活的变化，在某市，但凡60岁左右的老人无不感慨"的说法被修改为"不少60岁左右的老人无不感慨"。

一些报道中"首个""位列第一"的说法缺少依据，"但凡""无不"等敏感字眼的使用产生的绝对化含义令人质疑等等。

## 错置类

即版面安排或播出顺序不当，出现次序错乱或对位偏差等现象。

如时政报道中稿件安排以及姓名次序不符合领导身份或单位部门排序的相关规定；同一版面文字与图片的轻重关系处理

不当；在两个或两个以上版面上稿件错置导致版面语言配置不当；还有文字报道配发的图片，以及多张图片的说明文字出现错置，造成"驴唇不对马嘴"等错误。

例如，某网媒策划制作的一档"10个关键词"短视频专题作品，将习近平总书记出镜的内容置于最后位置，堪称错置类差错的典型一例。

## 事理类

即报道中的陈述表达虽读之顺畅，却不合事理。

如"向脱贫攻坚发起全面总攻"一说，应修改为"向贫困发起全面总攻"；

"助推人民群众早日脱贫"，应为"助推贫困群众早日脱贫"；

"确保2020年我省打赢精准脱贫攻坚战和全国同步小康"，应为"确保2020年我省打赢精准脱贫攻坚战，实现与全国同步小康"；

"办理事项508余件""78多岁"，其中"余"字、"多"字应删除。

又如《从"从无到有"到"无中生有"》这样的标题，被修改为《从"无中生有"到"有中出精"》；标题《好品质来源于好口碑》，被修改为《好口碑来源于好品质》，如此等等。

这些事实性、知识性、逻辑性和语法性差错，按规定也要加倍计错。

## 遗漏类

表现之一是新闻事实的缺漏，如题文不符，就是"题上有文中无"这种情况造成的。例如消息导语及正文中均没有关于"研讨会"的文字交代，而消息标题却出现"暨研讨会举行"。

表现之二是内容交代的缺失，如一篇人物报道，该人物是何身份，是哪个单位的人？是干部、职工，还是个体户？稿件从头至尾没有一个交代，让读者"一头雾水"。又如某人的来由在没有事先交代的情况下突然在报道中冒出来。

表现之三是消息、通讯和言论等报道或转发稿件遗漏了署名，致使新闻出处不明，影响传播的真实性、权威性和公信力等。一些转载类稿件不注明出处，也可能引发著作权纠纷。

## 数字类

包括汉字、阿拉伯数字和罗马数字的差错。

一是重大数字误用，如将"坚决做到'两个维护'"误为"坚决做到'四个维护'"。

二是数字大小不合事理，数字过大或过小不合实际、超越常理以及量词误用致使数量增加或减少。比如将贵州磷矿资源储量"23亿多吨"误为"2733吨";将某县"种植马铃薯13.1万亩"误为"种植马铃薯13.1亩",误漏一个"万"字;将"投入1.4亿元建生猪屠宰场1个"误为"投入1.4亿万元建生猪屠宰场1个",误添一个"万"字。

三是同一概念数字在同一稿件中前后不一、自相矛盾。如报道某市的高等教育毛入学率,一处叙述为56%,一处叙述为62%。

四是转版或导读的版次数字出现差错。比如转版或导读注明为"2版或3版",实际刊登却在"3版或4版"。

五是数字多项或少项,如"10件实事",报道中出现十一二件或只有八九件。序号数字出现两个"7",或"2"之后未见"3"只见"4"等。

六是刊物目录或内页页码数字出现差错。

七是数字连用表示概数的"三五年"不能写成"3、5年"或"三、五年"。

八是同一文章中汉字数字与阿拉伯数字混用,不符合数字正确用法的规定。已定型的含汉字数字的词语,如"明洪武十二年""清康熙二十一年",以及"红十六军""三大纪律八项注意""党的十八大"等等,必须使用汉字数字,而不能使用阿拉伯数字。

九是跨年度时间概念产生差错。例如某报2019年1月1日刊出的某图片说明写道:"图为12月31日,顾客走出郑州市一家装饰一新的商场。"这里的"图为12月31日"应为"图为2018年12月31日"或"图为去年12月31日"。

　　跨年度时间概念差错有类型和难易之分。类型从大的方面说，有显性类型和隐性类型之分；从具体类型上说，有阿拉伯数字和汉字类型之分。阿拉伯数字类型的时间概念差错属于显性差错，如当年1月份的报道中出现"11月22日"之类的说法，这容易让编校人员感知时间未到；汉字类型的时间概念差错，如同样是当年1月份的报道中出现"今年以来""前三季度"之类，属于隐性差错，需要转念一想才会觉察不对，不像阿拉伯数字类型的时间概念差错那样一目了然。一些成为"漏网之鱼"的时间概念差错，常常都在汉字类型之列，即可证明它的发现和封堵会更难一些。

　　发现和封堵跨年度时间概念差错，需要做到两个不遗漏。一个是差错类型不遗漏。例如有的媒体在阿拉伯数字类型的时间概念上全部做到了准确无误，而少量的"漏网之鱼"都发生在汉字类型的时间概念差错上，可看出由于对差错类型的认识把控有紧有松，故造成了操作上的顾此失彼。另一个是工作部位不遗漏。过去就曾发生不同版面、不同班次在发现和封堵跨年度时间概念差错上面存在松紧不一，甚至质效反差。究其原因，是工作有遗漏，没有做到责任心和主动性全覆盖。发现和封堵跨年度时间概念差错，还有一个危险期把控的问题。一般而言，新年元月的首旬，是发现和封堵这种差错的关键时期。但只要上年度的稿件尚有余存，且还有刊用的可能性，媒体编辑部就没有完全度过危险期，仍不能放松发现和封堵这种差错的警惕性。

## 称谓类

这种类型主要有以下三种情况：

一是称谓失范。如将"某某自治县"称为"某某县"，将"穿青人"称为"穿青族"，将"政协委员"称为"政协代表"，将"全国人大常委会副委员长"称为"全国人大常委会副主任"，将"某某村总支书记"称为"某某村总书记"，将已更名的"毕节市"称为"毕节地区"，已更名的"播州区"称为"遵义县"，或将国内的自治区、直辖市称为"省"等等。

二是称谓不准。比如将企业名称"白山云科技"误为"白云山科技"，将"贵州师范大学"误为"贵阳师范学院"等等。

三是简称不当。如将"黔南民族师范学院"简称为"黔南师院"，将"央视7台"简称为"中央7台"等等。

以上属重要名称差错，按规定要受到加倍计错处罚。

## 矛盾类

如人名、地名、数字等新闻要素或重要事实在报道中前后不一。

比如同一人姓名，前称"冯云春"，后面又称"冯元春"，究竟何正何误？又如同一地名，前面称为"大坝村"，后面又称为"大兴村"；报道中3处出现地名"湖坝坎村"，1处出现"湖坝村"等等。

还有刊物目录中的标题与内页标题不一致，出现矛盾冲突等。

## 同音类

即同音字的误用。如将"反映"误为"反应"，或相反；将"必须"误为"必需"，或相反；将"渡过"误为"度过"，或相反；将"考问"误为"拷问"，或相反；将"品位"误为"品味"，或相反；等等。

将"分量"误为"份量"、将"作为"误为"做为"、将"说道"误为"说到"、将"光碟"误为"光蝶"、将"身处"误为"生处"、将"账簿"误为"帐簿"、将"导致"误为"导至"、将"恼火"误为"老火"、将"启事"误为"启示"、将"致歉"误为"致谦"等等。

将"在生态文明建设中出新绩"误为"在生态文明建设中出新计"、将"颂党恩"误为"送党恩"、将"同志"误为"统治"、将"接合部"误为"结合部"、将"各自为政"误为"各自为阵"、将"对生命的观照"误为"对生命的关照"、将"抱的期望值过大"误为"报的期望值过大"，以及将"像……一样"误为"象……一样"或"向……一样"等等。

这其中将"在生态文明建设中出新绩"误为"在生态文明建设中出新计"、将"颂党恩"误为"送党恩"、将"同志"误为"统治"等差错，已经超出了一般技术性差错的范围，明显带上了政治性差错的色彩。

## 形近类

即形近字的误用。如在袁隆平院士的报道中，将"国士无双"误为"国土无双"，将"袁老"误为"衰老"等等。这种涉及重要人物的差错，非但不严肃、不庄重，更有闹政治笑话之嫌。

## 误解类

即对成语、词语的误解误读导致的误用，如成语"差强人意"，本意为大体上还能使人满意，但时常被放在"不能让人满意"的语境中使用，即为误用。

又如"七月流火"，本意为夏去秋来，天气转凉。却被误解为炎炎夏日、暑气正盛而误用；"铩羽而归"意为失败或不得志而归，这一成语却被用在祝贺中国羽毛球队在东京奥运会取得佳绩的海报上，出现"包揽金银，铩羽而归"的祝贺语；"鹤发童颜"的"鹤发"被误解为黑发；等等。

## 立异类

过度追求媒体语言的新奇怪异，以造成滥用误用网络专用语、缩略语、口语或低俗词语的现象。如"加班党""带娃党""宅家党"这类互联网上带有戏谑性的语言，不宜在报刊上随便引用。以及"有木有""牛逼"等网络语言，也不符合语言规范，也不宜在报刊上随便引用。

"给力""点赞""正能量"等，则是"网语正用"的好例子。

## 概念类

即概念的误用。譬如"权力"和"权利"，"法制"和"法治"等两种不同概念的误用。

"权利"是一个法律概念，即自身拥有的维护利益之权，其主体一般是公民与法人和其他社会团体，其行为一般是民事行为与社会政治行为；而"权力"是一个政治概念，一般是指有权支配他人的强制之力，其主体是被授予权力的国家机关及其特定工作人员，其行为一般是立法行为、行政行为、司法行为。报道中时常有将这两种概念误用的情况发生。

如"我们国家的权利源于人民""中华人民共和国的一切权利属于人民"，这里的"权利"都应为"权力"；"教师有选择教材之权力""教师有考查学生之权力"，其中的"权力"都应为"权利"; 等等。

"法制"指一个国家的法及其法律制度，而"法治"强调一个国家处于依法治理的一种状态。两者的区别主要在以下两点：

"法制"所讲的法主要指静态的法的规则及其体系，而"法治"所讲的法，除静态的法的规则及其体系之外，还包括动态的立法、司法、行政执法以及守法等活动；"法制"所讲的法律制度既可以是好的、民主的法律制度，也可以是不好的、专制的法律制度，而"法治"所讲的法律制度单指良好的、民主的、能使法得以正确适用和普遍遵守的法律制度。

社会主义核心价值观中的"法治"不能误为"法制"，因为这里的"法治"体现了"作为反映社会主体共同意志和根本利益的法律具有至高无上的权威，并在全社会得到有效的实施、普遍的遵守和有力的贯彻"的内涵。

## 符号类

包括标点符号和其他符号错用、漏用、多用的差错。因标点符号差错很不显眼，且常常被轻视，而使其具有隐蔽性特点。

如逗号误为顿号、小圆点误为顿号；小数点误为中圆点，或中圆点误为小数点；冒号误为比号，或比号误为冒号；破折号误为一字线、半字线或其他类似误用。

隐性差错的最大特点就是其隐蔽性，它常常读起来很通顺，让人不能一目了然地发现与封堵，要将它从躲藏状态中揪出来，除了要仰仗严谨的作风和强烈的责任感之外，还需要具备丰富的经验。通常情况下，许多隐性差错就是发现者在经验提示以及固化的潜意识中，觉得某处是某一种隐性差错可能的躲避点，而留神细究或回眸一看发现的。

某报2021年8月6日发现封堵了两个很可能漏网见报的差错。这两个差错分别是：当日头版通讯《扎根田间地头　为乡村振兴贡献科技力量》中，出现"稻蛙共生种养模式由中国科学院院士、贵州大学校长宋宝安团队提供技术指导"的说法，其中的"中国科学院院士"应为"中国工程院院士"。该差错由值班主任发现后，更改为"稻蛙共生种养模式由中国工程院院士、贵州大学校长宋宝安团队提供技术指导"的准确内容见报；当日某社电稿《三跳满分！14岁小将全红婵女台夺冠　诠释何为英雄出少年》，从标题到文内有10余处都将夺冠运动员"全红婵"的名字误为"全红蝉"，此差错经报纸校检人员发现后全部加以更正见报。然而，第二天该报3版刊登的某社电稿《金牌"峰值"日11项目收官　中国多线再冲金》中写道："中国队在跳水男子双人10米台项目派出杨健和曹缘，他们将力争为中国队卫冕这个项目。"其中的"跳水男子双人10米台项目"为"跳水男子10米台项目"之误，多出的"双人"二字是差错所在。

# 第二节　封堵隐性差错的"三个必须"

根据前一节列举的14个隐性差错，以及某报事例，笔者撰写了《看"两堵一漏"告诉我们什么》的审读阅评文章，认为这当中的经验教训有三点值得思考总结。

## 必须消除"迷信"思想

这"两堵一漏"的三处偏误，有两处都发生在某通讯社的电稿上面。关于"全红蝉"的差错，一开始报纸的校检人员还有置疑："某社竟会犯这样的错？"似乎思想深处还是有些"迷信"的。然而事实已证明某社差错确凿无疑，这种结果对于通讯社的工作质量和形象会造成不良影响。好在这些差错都发生在体育新闻报道的范围，倘若差错发生在别的重要部位，则不仅对某社本身造成更加不良的后果，而且对因"迷信思想"跟着沾边的其他媒体，也会带来不良后果。这其中蕴含着审校工作不能有"例外"的重要提醒。

# 必须筑牢"参照"屏障

　　对于上节三个偏误，"中国工程院院士"误为"中国科学院院士"的发现与封堵，是因为值班主任脑子里装着"宋宝安明明是中国工程院院士"的准确清晰概念；"全红婵"误为"全红蝉"的发现与封堵，是因为发现差错的报纸校检人员脑子里留有运动员准确姓名的清晰印象；而"跳水男子10米台项目"误为"跳水男子双人10米台项目"的发现，则与阅评员对体育项目较为熟悉，以及对本届奥运会"跳水男子双人10米台项目"已经完成赛程且中国队未能夺金的明确印象相关，所谓"派出杨健和曹缘"，是指这两名中国运动员分别参加此项决赛，而与"双人"项目无关。由此可见，新闻传播中的许多差错，尤其是隐蔽性差错的发现与封堵，需要具备一个重要的前提条件，就是发现封堵者的头脑里要装着正确的尺码，并以此为参照物去丈量新闻报道中的语言文字及其表达逻辑，让那些哪怕读起来无比通顺却隐藏着差错的问题难以遁形。这也正是把那些重要的概念、提法、人物、数据、法规等装进头脑，备为档案，以利于查对使用的理由。正确"参照系"的确立是一个很高的要求，它既包含人的多种知识的涵养，也包含人的丰富经验的积累，正所谓火眼金睛来之不易。

# 必须下足过细功夫 ☁

　　某报的两堵例子，虽然都具备"参照系"发挥作用的前提条件，但也都经历了发现者经过认真查对核实而加以更正的过程，体现了细致的工作作风。其实，堵文字差错（包括重大差错），最怕的是一晃而过的粗疏，特别是想当然或没有尽责的漏读。想想看，即便你手握正确的尺码，脑子里装着堵误的参照，然而你若是一个粗心的"探雷手"，漏掉了理应探测的部位，而这个部位正好存在"暗雷"，那就有可能让你吃到漏检的苦果。某社的两个差错在某报的一堵一漏，内里有一个客观上的差异，即"全红蝉"的差错既出现在文内，也出现在标题上。而"跳水男子双人10米台项目"的差错只出现在文内，没有出现在标题上。阅评员就此产生一个假设：如果"全红蝉"的差错没有出现在标题上，这个差错会不会被漏掉？

　　说来说去，核心意思在于：媒体堵差错是个细致活，来不得半点粗心大意。要办精品报纸，要尽可能消除所有差错，所有涉责人员必须下足功夫，下足功夫的要害在于职业精神、从业态度。一个人纵使学富五车、才高八斗，也不能穷尽天下的知识。遇到拿不准的东西，就要善于质疑、虚心求证、认真查对，以求万无一失。

　　"给隐性差错排排队"其目的就在于积累经验、培养意识，通过对隐性差错的梳理、归类，看清其存在的模式，掌握其出现的规律，抓住其躲闪的尾巴，增强发现和消除隐性差错的能力，以实现让媒体更加优质、规范、清爽、干净的目的。

# 第四章 ——

# 新闻真实性
# 与新闻职业道德修养

"真实是新闻的生命。"这是新闻记者耳熟能详的一句话。

"狼来了"在中国是一个家喻户晓的民间故事，这个故事对新闻从业者具有特殊的教益作用。

古人说："人若无信，不知其可。"

造假＝失信，这一定是社交领域的一个铁律。

造假之手会被多种因由操控，即出于各种各样的目的而造假。但是，无论是"狼来了"故事中撒谎小孩出于"逗你玩"的目的，还是世界舆论场上的恶劣政客出于操弄政治的目的，以及新闻业界中的不良从业者出于追名逐利的目的等等，造假骗人的必然结果都一定是为人不齿、被人唾弃。

## 第一节　新闻真实性的意义

真实是新闻的生命，没有真实便没有新闻。

新闻定义说："新闻是新近发生的事实的报道。"这一定义具有很强的客观性特点，即新闻必须是已发生的具有时新性的事实。那些尚未发生的，或人为编造的，或事实陈旧的东西，不能成为新闻。

新闻最根本的生命力在于真实，就是取决于新闻定义的这一客观性特点。善良正常的人们都只愿意看到真相、相信真相，而不愿被假象所欺骗，为虚假所迷惑。俗话说："真的假不了，假的真不了。"即便能得逞一时的虚情假况，最终必定逃不过被识破、遭唾弃的下场。

真实是新闻的生命，是新闻安身立命的本质要求。新闻的真实必须是完全的真实，即对人物、事例、思想、语言、细节等都要求确凿可靠。

新闻是新近发生的事实的报道。从真实性的角度理解，新闻是对事实本来面目的真实记录。一就是一，二就是二，必须说一不二。

2022年末，在央视热播的电视剧《破晓东方》中有这么一个场景：上海解放之初，中共华东局书记邓小平到北京与中财委主任陈云商谈上海的经济社会形势及对策。陈云正在办公室对着中国地图沉思，邓小平径直走进陈云办公室说："陈云同志又在发愁了！"

真实情况应该或者说有极大可能是陈云或陈云的秘书接到邓小平将要来商谈工作的电话，事先就商谈的时间、地点作了安排，而后陈云在办公室或会议室等候邓小平，二人开始公干活动。倘若新闻报道写成了电视剧中的那番场景状况，那就是将一说成了二，这样的文字就是文艺作品而非新闻报道了。

《新闻传播学辞典》给新闻真实性如此定义："真实性是新闻传播业对客观事物的如实反映、如实报道，做到完全符合事物的本来面目，不允许任何弄虚作假、'合理想象'。"

## 第二节　新闻真实性的价值

真实让人信服。这是新闻传播功能的题中要义。

请看作品《志愿军侦察队雪夜伏击敌军》：

新华社朝鲜前线1952年12月26日电　本社前线通讯员郑大藩报道雪夜里的一次伏击战斗说：……天黑以后，身披白色伪装布的侦察兵们踏着半尺深的雪地，按着星斗指示的方向走到预定的位置，并用冰雪筑起简单的工事，在雪地上架起蒙着白布的机关枪，在北风呼啸中等候着敌人的到来。

忽然传来一阵皮鞋踩在雪地上的声音。美国兵走一阵，再趴在地上向四面看看；没有什么动静又开始往前走。离我军侦察员们只有20公尺了，侦察参谋王锡忠举起短枪"啪""啪"两声，走在前面的两个敌人便倒下了。我军各种自动火器随着展开猛烈射击，后面的敌人立即伏在地上开枪还击。冲锋枪、机关枪顿时响成一片。

埋伏在两侧的侦察兵们看见敌人的火力已被吸引住，便向敌人后面猛插过去，迅速剪断了敌人主阵地与前哨阵地之间的电话线，并从后面向敌人射击。美国兵发现退路被切断，慌了手脚，四下乱窜起来。他们穿着笨重的靴子，像猪一样摇摇晃晃地跑着，脚踏在溜滑的冰雪上，号叫着跌倒了，于是，就在雪地上爬着、滚着，爬起来又跑，又跌倒……

如此真实记录新闻事实的文字，怎能不让人信服？

真实令人感动。这是新闻教化作用的应有功能。

1986年11月27日的《新民晚报》刊登《法制文艺汇演昨出现感人一幕　杨飞飞隔铁窗与儿子同台唱戏》，真实记录著名沪剧演员杨飞飞排除思想顾虑，毅然接受法制文艺汇演邀请，前往因犯罪而服刑的儿子所在监狱，与儿子同台演出以教育失足青年的感人事迹。文中写道："当她和儿子隔着铁窗唱道：'恨不得一刀斩断母子情；可是你，千错万错毕竟是我亲身养……'

时，杨飞飞和儿子失声痛哭，在场的乐队和管教人员也无不垂泪。"新闻以其真实性感人至深。

真实得以留存是新闻存在价值的必然要求。只有真实反映现实的东西，才能成为可以留存的历史。

1949年4月22日，毛泽东为新华社撰写消息《我三十万大军胜利南渡长江》，以其人民解放军统帅对实情掌握的准确性以及对渡江战役宏观掌控的气度写道："【新华社长江前线二十二日二时电】英勇的人民解放军二十一日已有大约三十万人渡过长江。渡江战斗于二十日午夜开始，地点在芜湖、安庆之间。国民党反动派经营了三个半月的长江防线，遇着人民解放军好似摧枯拉朽，军无斗志，纷纷溃退。长江风平浪静，我军万船齐放，直取对岸，不到二十四小时，三十万人民解放军即已突破敌阵，占领南岸广大地区，现正向繁昌、铜陵、青阳、荻港、鲁港诸城进击中。人民解放军正以自己的英雄式的战斗，坚决地执行毛主席朱总司令的命令。"成为留以存史的不朽文字。

## 第三节　新闻真实性与业务实操

在新闻真实性问题上须做到"四个实"，即要脚踏实地、眼见为实、脑系事实、笔写真实。

这四句话中都含有一个"实"字，意在表明这里所说的"实"，都与新闻的真实性相关。这四句话其实就是媒体人"四力"，即"脚力、眼力、脑力、笔力"在工作层面的体现。

脚踏实地，说的就是采访要到一线，要坚持人到现场原则、采访作风扎实原则，要体现脚力的"站得正、行得稳、走得沉"的核心要求，为新闻的真实性提供保障。

眼见为实，说的是要以亲眼所见作为最本真的新闻事实或现象（当然也有例外，如信息提供者有意造假造成的假象等等），以体现眼力"看得准、望得实、见得真"的核心要求，为新闻的真实性提供保障。

脑系事实，说的是要以清醒的头脑分析、梳理采访材料，要坚持平衡原则，以体现脑力"思得清、想得远、谋得深"的核心要求，为新闻的真实性提供保障。

笔写真实，说的是要以有思想、有温度、有品质"三有"作品的手笔，以体现笔力"话有魂、语有温、品有珍"的核心要求，为新闻的真实性提供保障。

2009年国庆，笔者有幸成为4500多名赴北京采访中华人民共和国成立60周年盛大庆典活动的中外记者中的一员，作为贵州媒体中登上天安门广场西临时观礼台的唯一记者，并在《贵州日报》及系列报网上开设特派记者专栏"60年大庆 黔眼看京"的作者，我在兴奋之余也感到沉甸甸的责任。这段经历后来我写成《赴京采访手记》，其中有这样一段记述："9月29日清晨，记者从住地梅地亚中心附近的军博地铁站乘地铁至复兴门站下车，开始自西向东的步行采访，全数拍摄了西单至东单街头的花塔、花坛，采集了《十里长街花盛开》的图文报道资料。再转至天安门广场，采集成《天安门广场整装迎盛典》视频报道，以及《五星红旗　我为你自豪》图文报道。午后2时余饥肠辘辘时，从广场的售货车处购得面包、饮料，权充午餐。自上午8时出门，至下午4时乘地铁返回军博站又步行回住地，8个多小时里我未能坐上片刻（只顾上行进采访拍照，地铁里人满为患也无从落座）。通常是身体的疲惫已然如此，心理的疲惫仍不能终止，还得抓紧撰稿并向报社、网站传送图文。在工作最忙的5天里，记者的日均睡眠不足5小时，并自我结语为'两多两少'，即想得多、走得多；睡得少、娱乐少。"

这里边的脚踏实地、眼见为实、脑系事实、笔写真实，都显得相当真切。

为新闻的真实性提供保障，还要注意坚持记者采访三原则，即人到现场原则、采访作风扎实原则、平衡原则。

现场原则，是新闻记者采访活动中需要坚持的最为重要的原则。在科技手段越来越发达的今天，记者的采访方式也越来越多样化，除了隔空对话的电话（手机）采访外，更有网络联系、电子传输等多种方式。记者用这些方式获取的新闻事实，往往是间接的、他律化的，即新闻的真实性完全依赖提供方的主观把控。远不及记者亲自到达现场，在新闻发生的一线获取新闻事实材料，来得那么直接、具象、真切。现场原则对于视频化作品大多不成问题，而对于文字化作品则尤显重要。它是新闻真实性的一道极为重要的屏障。

采访作风扎实原则，则是对现场原则的一个补充及强化要求。有两种情况需要说明：一是记者采访虽然到了现场，也可能"蜻蜓点水"听介绍，拿了材料就走人，对确保新闻真实性并没有完全尽到责任；二是现场也可能有假象，眼见也未必完全真实可信，譬如"走马观花"看到的可能是具有造假之嫌的"路边花"。这时，采访作风扎实就显得十分重要了。它可以表现为记者多个心眼、多看几眼，更表现为记者愿意多走几步，为真实性多吃点苦。

平衡原则是指记者采访写作要注意兼顾性、全面性，不仅要听干部的介绍，也要听群众的反映；不仅要看正面的状况，也要看反面的情状；不仅要听此方的说法，也要听彼方的说法等等。2022年2月爆发的俄乌冲突，中央电视台采取既报道俄罗斯国防部发布的战况报道，也报道乌克兰方面的战况报道，就是典型的平衡原则在报道中的体现。

1993年1月，笔者参加获贵州新闻奖一等奖作品《省委省政府规定期限已到/白条兑现如何？》的采访报道，同年5月带队进行《化肥怎么了？》的专访报道，两次前往黔南州农村，不仅深入农户家中与村民促膝交谈，还有在行车途中弃车步行，与沿途村民边走边谈的情况，兑现了现场原则、采访作风扎实原则和平衡原则，保证了新闻的真实性、影响力和公信力。

# 第四节　新闻职业道德与新闻真实性原则

真实性关乎新闻的生命。新闻真实性原则理所当然成为新闻职业道德必须遵从的首要原则。

## 坚持与践行新闻真实性原则，离不开新闻职业道德的支撑

坚持与践行新闻真实性原则，离不开新闻职业道德的支撑，主要包含两个理由：

第一，新闻从业者必须树立新闻失真是重大的职业道德失范这一职业道德观念，深刻感悟新闻造假者不仅可耻而且可悲的道理，深刻认知新闻造假不仅是砸自己的饭碗，也会导致摧毁单位乃至传媒声誉的严重后果。

第二，只有培养具备上述职业道德观念，才能实现重大的职业习惯修炼，即让维护新闻的真实性成为自觉行动，使维护新闻真实性的职业道德观念内化于心，维护新闻真实性的职业道德习惯外化于行。

从道德观念培养、道德习惯修炼，直至道德行为追求，也涉及从思想到能力的理念与实作。

坚持与践行新闻真实性原则，有底线要求和高线要求，或者说有最低标准和更高标准。

守住底线或不逾最低标准，就是要确保新闻不造假、不虚构、不失真、不失实。对新闻道德失范造成新闻界的两大顽症，即虚假新闻和失实报道进行具体分析，便可看出新闻真实性原则的底线一旦被逾越，会带来何等严重的后果。

追求高线或达到更高标准，就是要让新闻不仅真实，而且精彩，即力求精彩的真实。对于何谓"精彩的真实"，下面的两个案例很有说服力。

《贵州日报》作品《铜仁市"电子商务进万村"带来新鲜事（引）村民网购西餐敬老　外国大厨进村掌厨（主）》，符合真实性要求的长处十分鲜明。消息中涉及的地名、人名、身份、年龄，以及有关数字等重要的新闻事实，都有清晰的交代，没有出现虚化、泛化的情况，增强了新闻的真实性与说服力。阅评员认为，这是记者采访到家的又一结果。

《贵州日报》的静像纪实电影"海雀'心'故事"系列报道，采用在当地纸媒中尚属首创的"静像纪实电影"表现形式，体现了用创新手法提升主题报道质量和效果的采编思想，以精彩真实的突出特点，成为典型报道的新探索、服务大局的好样式。

# 新闻道德失范造成新闻界两大顽症

## （一）虚假新闻

虚假新闻具有主观恶意造假的特点，以想象、捏造、虚构出来的所谓事实为本源的"新闻"，是新闻要素或新闻细节与客观事实不符的报道。

虚假新闻是新闻从业者在违反职业道德、违背新闻真实性的前提下，离开新闻赖以产生和依存的客观真实，任意凭着个人的主观愿望或依据他人的意志去报道新闻，捏造、歪曲、夸大事实本身，通过大众媒介传播，以牟取不正当利益或政治图谋的产物。

虚假新闻源自有意造假，其目的在于政治操弄、恶意抹黑、追求轰动、博取名利。

政治操弄的典型案例有世界闻名的"洗衣粉事件"。21世纪初，为了掌控世界上有名的石油输出国，打击越来越不听话、要挑战石油美元结算的伊拉克时任总统萨达姆，维护美国的霸权地位。2003年2月5日，美国时任国务卿鲍威尔在联合国安理会上拿出了一瓶装有白色粉末的试管进行展示。他告诉各国代表，这瓶试管中的白色粉末，就是伊拉克搞大规模杀伤性化学武器的证明。为了防止化学武器危害人间，美国要求派兵进入伊拉克境内进行搜查，由此发动了对伊战争，并最终处死了萨达姆。这就是世界著名的"洗衣粉事件"，成为新闻造假的世界典型案例。

试管中的白色粉末是不是洗衣粉并不重要。重要的是面对要命的化学武器，鲍威尔竟敢不加任何防护地拿来展示，也不惧一旦落地摔碎试管会带来何等严重的后果，最终在伊拉克，美国也并没有找到任何大规模杀伤性化学武器的踪影。此后，"洗衣粉事件"这个词，就成了讽刺美国无中生有、要弄强权的一个专有名词。

这之后，还有美国为甩锅打压中国而炮制的"武汉病毒"事件、"新疆棉花"事件等等，皆为一脉相承的故伎重演。

然而，这样做的结果只能是"搬起石头砸自己的脚"。2017年4月，美国为限制俄罗斯在中东的势力，向联合国提议对叙利亚用兵，又搬出叙利亚使用化学武器的借口。结果玻利维亚驻联合国代表在联合国大会上拿出一张2003年"洗衣粉事件"的照片，讽刺美国又在炮制假新闻，又要搞强权。

美国不良政客搞"狼来了"的把戏，终归不灵了。

国际社会搞政治操弄的假新闻典型案例，还有英国广播公司BBC抹黑中国的恶意作为。2019年11月，BBC曾经大幅报道39名中国偷渡客死在英国的货车里，结果是这39名所谓的中国人全部是越南人，但是最后BBC连一声道歉的话都没说。2008年拉萨出现暴乱时，BBC等西方主流媒体用尼泊尔军警殴打藏民的照片和画面，移花接木地污称是中国军人在殴打藏人。在所谓"新疆事件"中，BBC又污蔑中国搞"种族灭绝"，说看到新疆有100万人被送到"集中营"等等。BBC因此被不少中国网民称为"假新闻制造工厂"。

恶意抹黑还可见之于新冠疫情中《方方日记》的"遍地手机"一说。《方方日记》写道："而更让我心碎的，是我的医生朋友传来一张照片。这让前些天的悲怆感，再度狠狠袭来。照片上，是殡葬馆扔得满地的无主手机，而他们的主人全已化为灰烬。"对此，网上提出诸多置疑：一是疫情中武汉没死那么多人，不可能殡仪馆满地手机；二是殡仪馆有自己的处理流程，不可能把手机丢地上；三是医生朋友如果存在，作为医生，怎么可能去殡仪馆；四是如果真的有照片，方方为什么不拿出来证实？还有照片是谁拍的？在哪个殡仪馆拍的？为什么医生朋友会拿到？医生朋友是谁？医生朋友为什么给方方？还有谁能证明？等等问题。因而，结论只能是方方造假，而造假的目的就是为了抹黑中国，糟蹋国人，真真是"恨国党"行径。

追求轰动的假新闻如"金庸去世"假借显著性造假之类。某新闻周刊官方微博2010年12月6日刊出"金庸去世"假新闻，报道甫出，《香港明报》发言人立即表示，"该传闻为假消息"。事实上，香港并没有一家名为圣玛利亚的医院，名字相似的圣玛丽医院位于湾仔。当天深夜，该新闻周刊副总编辑、新媒体总编辑在新浪微博上承认"编辑未作任何核实草率转发。这暴露了该编辑缺乏应有的新闻素养，也暴露了我们管理上的漏洞"，并代表周刊新媒体真诚接受大家批评，力求以此为戒。

博取名利的假新闻如"纸馅包子"事件之类。此系北京电视台生活频道"透明度"栏目临时人员訾某某，为了谋取所谓的看点业绩，以制作"纸馅包子"喂狗为借口，欺骗食品作坊加工制作"纸馅包子"，并拍摄了制作过程，却将其作为不良商家坑害民众的事实材料在电视台曝光，造成十分恶劣的社会影响，最终訾某某被判有期徒刑1年。

2022年10月14日发生的"胡鑫宇失踪事件"，真相是胡鑫宇因厌学轻生，自缢身亡，自缢现场为案件原始现场。然而，由于事件发生后106天才发现胡的遗体，在这百余天中曾出现谣言满天飞的现象，网传的各种虚假信息多达120多种，主要包括杜撰虚假事实、制作虚假场景、炮制虚假录音、拼接监控视频、假冒事件当事人五大类。这一事件成为新闻恶意造假的又一典型案例，警示意义极为鲜明：第一，恶意编造传播虚假信息，拼接炮制虚假视频，为的是博眼球、蹭热度，引流牟利，这是互联网高度发达的当下虚假新闻发作的一个显著特点。第二，该事件中五大类虚假信息的传播，不仅给当事人家属带来巨大伤害，干扰公安机关正常调查和搜寻工作，同时误导公众认知，向公众传递不良价值观，挑唆对立、引发恐慌，严重扰乱社会秩序。第三，事件中少数故意编造、传播谣言的人员受到严肃处理，告诫人们必须理性客观地关注社会热点，不要突破法律底线。这一告诫对于高频度接触新闻的媒体人具有特殊重要意义。

2024年3月19日，《央视财经评论》播出特别报道《利剑斩"妖魔" 向短视频造假说不》，披露通过假导假演、东拼西凑等不良手段炮制虚假短视频，为博流量、赚黑利，已渐成泛滥之势，成为虚假新闻中值得警惕的新样式。

从虚假新闻的源头上分析，除恶意造假这一种表现形式外，其实还有一种并非出于恶意，有时甚至是出于"好意"的主观造假，这种造假往往以有偿新闻的形式表现出来。出资请"枪手"、破费换版面、花钱买新闻等等现象，在国内传媒界时有发生，已是心照不宣的事实。不管是私下里得了别人的好处"吃人嘴短"，还是堂而皇之地搞收费报道，都是"受人之托、成人之美"。于是乎将一说成二、小说成大、低说成高，甚至将无说成有、黑说成白。这就为报道的部分失实以至整体失实，打开了"方便之门"。如此"好意"溢美，牺牲的是新闻的真实性和媒体的公信力，作为有意造假的另一种表现形式，其危害性也不可小觑，理当列入虚假报道的重点对象来加以防范和治理。

## （二）失实报道

失实报道不同于无中生有的虚假新闻。一般来说，这种报道在基本事实或主体事件上比较确定、有据可查，只是在事实的延伸部分或者表达倾向与观点部分有着较强的主观性乃至虚构性。还有一种情况是由于编辑记者的专业素质较差等客观原因造成的报道事实有所偏颇，以及因主观偏差导致的报道不全面或者不准确。

对这种无意失真的缘由与后果加以分析，可以看到以下几种情况。一是作风粗糙。如题中有文中无的题文不符现象。二是溢美过度。如前面已列举的"村美人富"、"非理"想象等。三是知识有限。如将表达较能让人满意的成语"差强人意"，误用到不如人意的语境中等等。四是观念偏误。如前列举的"某地方的改变，从某单位对口帮扶这里开始"，其中隐含政治性失实。

2010年11月15日，中宣部等五部门联合下发《关于深入开展"杜绝虚假报道 增强社会责任 加强新闻职业道德建设"专项教育活动的通知》，对在全国新闻界开展专项教育活动作出统一部署，提出明确要求。通知强调，全面落实新闻报道真实、准确、全面、客观的原则，是杜绝虚假报道工作目标中的首要内容。

"真实、准确、全面、客观"这八字原则，真实是第一位的，也是最要紧的。杜绝虚假报道，要防止和解决新闻不真实的问题。通知在明确工作重点时，把完善新闻从业人员管理机制放在突出位置，对主观恶意造假、严重违法违纪者将给予清除出新闻队伍等严厉处置。因此，主观恶意造假的行为和现象，尤其是涉及时政性新闻以及有关国计民生等重要问题的假新闻，是新闻真实性的大敌，其危害甚大，必须高度警惕、严加防范、切实杜绝。防范主观恶意造假的行为现象在杜绝虚假报道的工作中被置于首要位置，这是完全必要的。在实际工作中，这种行为现象并不多见，将之列为防范重点无可置疑，但如果认为这就是杜绝虚假报道的全部或唯一途径，那就是认识上的片面与偏颇。现实情况是，虚假报道中既有主观恶意造假这样的大敌，也有若干因客观因素违背新闻真实、准确、全面、客观要求的散兵游勇；既有整篇新闻造假、完全无中生有的案例，也有新闻中存在部分、个别或局部不真实、不准确等现象。

鉴于此，杜绝虚假报道的工作既要注意严防恶意造假这类大敌，也要对发生频率更高的报道中局部不真实、不准确以及报道不全面、不客观的问题给予足够的关注。有以下几点值得注意：

**1．慎重处理"新闻线人"的报料。**不少媒体都开通了新闻热线，实行了"新闻线人"报料制度，有的还对新闻报料给予奖励。这对拓展新闻信息源，加强媒体与受众的联系，无疑是有益的。然而，如对新闻报料不作认真核实，不慎重选择，则容易导致新闻的全部或部分失实。对社会自由撰稿人的来稿，同样也应严格审核、把好事实关。

**2．审慎把握转载、转播等敏感环节。**从中央有关部门通报的情况看，互联网成为虚假报道的多发区，另外，虚假报道有从娱乐新闻、社会新闻向时政新闻、经济新闻渗透的趋势。转载、转播内容注重新奇性、吸引力，使之成为虚假报道扩散放大的敏感环节。媒体大多有转载转播的渠道或时段，有的不仅转发渠道多而杂，不时有转发互联网上信息的情况，更要注意严格把关，避免传播虚假报道事故的发生。

**3．注意宣传报道纪律提出的新要求。**对于防止新闻失实及相关的考虑，宣传报道纪律曾对涉法涉诉、民族宗教之类的敏感问题强调稿件的报审。关于杜绝虚假报道的通知除继续重申以上要求外，对于涉食品、药品、大宗出口商品质量安全等容易引发事端、影响群众情绪和社会稳定的报道，也强调必须核准事实，经主管部门或权威机构审核后刊播。对此，应予充分注意，避免出错。

**4．防止重要事实的偏差。** 新闻中的重要事实，如地名、人名、数字、百分比等，虽然只是新闻局部，但因事关新闻要素，关系事实主体，故对新闻的真实性影响甚大。一些媒体在公布一些新闻的重要数据时，曾出现众口不一的现象。这种现象发生在使用新华社电稿时，因截稿时间不一致，尚情有可原。然而，在发布本省甚至本市新闻上也出现数字不一致，就没有道理了。比如关于出租车价格听证问题以及一些事故的死亡人数等相关数据，几家报纸各执一词，读者究竟信谁的？新闻重要事实的差错对媒体公信力的负面影响不容忽视，发生偏差方当负更正、道歉和杜绝的责任。

**5．加强队伍教育培训，避免因思想观念、知识结构缺陷和业务能力不足导致虚假报道。** 许多虚假报道都是可以通过事理判断、逻辑推理、科学分析、认真查对、仔细换算来发现并消除的。譬如，收到"可以预测凶险灾祸的野山羊"这样的来稿，可凭唯物主义理论和科学知识断其虚妄之所在；对"金庸去世"这样的假新闻可以靠认真核实来判明；对"高速列车4秒钟即可驶过长江大桥"的表述也可以通过仔细换算发现其虚假；等等。其中所仰仗的认知能力和责任心，都需要在不断地学习与实践锻炼中提升。

可以从正反两方面增强媒体人对新闻真实重要性的认知。

从正面上讲，需要看到：

1．新闻真实是马克思主义新闻观中一个极为重要的观点。马克思所说的"有机的报刊运动"是一个以接近真相为目标的持续过程。毛泽东说"假话一定不可讲"，"爱讲假话的人，一害人民，二害自己，总是吃亏"。

2．新闻真实性和客观性是我国新闻职业伦理中必须遵循的基本原则之一。

3．《中国新闻工作者职业道德准则》共7条，第3条规定：坚持新闻真实性原则。把真实作为新闻的生命，努力到一线、到现场采访核实，坚持深入调查研究，报道做到真实、准确、全面、客观。

4．"坚持新闻真实性的基本准则"是我国《新闻采编人员职业规范》的重要要求。

5．人民出版社出版的《新闻记者培训教材》，将"防止虚假新闻"作为专章讲述。

从反面上讲，有以下几点值得警醒：

1．新闻虚假失实会导致传播力、引导力、影响力、公信力的丧失。

2．记者采写、媒体刊播虚假失实报道，会给个人和集体带来严重的不良影响。

3．国家有关部门专门制定发布了《关于严防虚假新闻报道的若干规定》《报刊刊载虚假、失实报道处理办法》《新闻采编人员不良从业行为记录登记办法》等法规。

4．《新闻采编人员不良从业行为记录登记办法》规定：编写虚假新闻，包括在采写新闻报道中采取凭空捏造、无中生有、隐瞒事实、制造假象等方式，造成发表的新闻报道与事实严重不符的行为，五年内不得从事新闻采编工作。重新获得新闻采编从业资格后，三年内再次违反新闻出版法规的，终身不得从事新闻采编工作。

## 第五节　新闻真实性的三大保障

###  思想保障

第一，新闻从业者要在思想深处认清新闻真实性的重要性及价值，从职业道德的高度自觉维护新闻真实性原则，形成对新闻造假行为"不屑做、不愿做、不敢做"的职业品性。

1945年的延安整风运动，在当时革命根据地的新闻界就产生了深刻而深远的影响。1945年3月23日，《解放日报》发表标题为《新闻必须完全真实》的社论。社论指出，检查我们已往的许多新闻，自整风以来，向壁虚造的事找不到了，每条新闻都是实有

其事的，但是我们还有毛病，这个毛病就是有些新闻还有分寸上的夸大。并列举了"事情正在计划做报道为正在进行中，正在进行中的则报道为已经完成了""一个药方医好六条牛，报道说成医好几十条牛""报道有一技之长的某一劳动英雄，把他写成十全十美的圣人"等夸大报道的例子。延安整风运动在我党新闻事业中产生的深刻而深远影响在于，它让党的新闻工作者从思想深处认识到，坚持新闻真实性原则，不仅不能向壁虚造无中生有，也不能不讲分寸地夸大报道，要做到"新闻必须完全真实"，即新闻不仅要确保实有其事，还必须做到实事求是。因为这关系到党的新闻事业乃至党自身的权威性和生命力。这种思想上的保障作用，让当时根据地的新闻真实与国统区的假新闻满天飞形成鲜明反差，而且这种优良传统和作风也一直影响至今。

## 行为保障

记者采访写作要遵循人到现场原则、采访作风扎实原则、平衡原则，不搞隔空采访、单向采访，不搞想象写作、抄材料写作。编辑处理稿件不能以我为主地想当然，修改题文时避免成为题文不符的制造者。

20世纪30年代，范长江有目的地启动他的中国西北之行。他以《大公报》记者身份从上海出发，沿长江西上，在四川做短暂停留后，经四川江油、平武、松潘，甘肃西固、岷县等地，两个月后到达兰州。在兰州稍事休整后，又向西深入到敦煌、玉门、西宁，向北到临河、五原、包头等地进行采访，历时10个月，行程6000余里，取得丰硕成果。他沿途写下了大量的旅行通讯，真实地记录了中国西北部人民生活的困苦，对少数民族地区有关宗教、民族关系等问题也作了深刻的表述；更为重要的是，他的旅行通讯中还记载了红军长征的真实情况，成为以写实的笔法公开、客观报道红军长征踪迹的第一人。以这些旅行通讯汇编而成的《中国的西北角》一书一经发表，便引起轰动，主要靠"走出来"的该书也成为范长江的成名之作。如今，中国新闻界最高人物奖的记者类别奖项即以"长江奖"命名，是对范长江职业行为的高度认定。范长江成为我国一代又一代新闻人追求新闻真实的行为楷模，实属当之无愧。

## 机制保障

新闻单位要严格、准确执行有关方面及自身制定的维护新闻真实性的奖惩机制，让善作善行者受到褒奖，获得荣誉，被树立成榜样；让劣行违规者受到惩治，变成反面教材，以生戒免。

中华全国新闻工作者协会通过的《中国新闻工作者职业道德准则》第四条"维护新闻的真实性"，国家层面制定的《关于禁止有偿新闻的若干规定》等相关政策法规，各新闻单位根据这些政策法规，结合自身工作中的具体情况制定的相关制度、规定，都是坚持新闻真实性重要的和必要的机制保障。

# 第五章 ——

# 法治报道的警示案例

"法治"是社会主义核心价值观的重要内容，"依法治国"是党和国家的大政方针。

鉴于法治报道在党的新闻工作中具有不可或缺的地位和作用，而法治报道因为专业性强及敏感度高等特性，又是容易产生差错的一个报道领域。因此，本章从报道违法或有违法之嫌、报道违规、易引起司法纠纷这三个方面列举并评析若干案例，以求产生警示作用，让法治报道更加精准有力。

某杂志刊载一条庆祝建党90周年音乐会的消息，文内出现"表达了老干部热爱党国、自信乐观的精神面貌"的文字，其中"热爱党国"的表述十分错误。这一说法将"党和国家"与国民党反动派的"党即是国、国即是党"的说法混为一谈，与习近平总书记"江山就是人民，人民就是江山"的思想完全背离。这虽然是无意的，但确实造成了一个与宪法精神严重背离的差错，影响非常不好。

再如，某期刊发表台湾学者的讲话稿《我眼中的中国文化》一文，文中作者说："上次我在浙江金华讲演，有一个愤青抓狂起来拍桌子，就因为我讲了一个简单的事实，我说，对传统文化的掌握，台湾年轻人是比不上大陆年轻人的。他说不可能，大陆这么邪恶的体制，不可能。"这里说大陆的制度是"邪恶"的，与我国宪法等法律严重背离，报刊不应照录照登。

还有，一些报刊及网络媒体介入尚在司法程序中且有争议的案件报道，报道带有明显的主观色彩和倾向性。这种做法与我国法律强调的司法独立的精神严重不符，不仅干扰法律的行使，而且可能引发社会动荡，必须严格禁止。

某网站论坛中有一帖子，题为《请相关部门、好心人士重视此案》，引来网民的负面声音："这年头共产党是靠不住的了啊。"这样的消极回复，容易被"有心"之人利用，煽动其他网民对党和国家的不良情绪，理应及时清除。

某杂志载有《台湾国民党转型的经验教训》一文。文中出现"国会议员""国家利益""党与国的矛盾"等错误提法；某报出现将马英九称为"中华民国总统"，将其夫人称为"总统夫人、第一夫人"的错误，这有违我国宪法，也有变相承认台独之嫌。

某些报刊上时常出现错误标示民族区域自治地方名称的情况，如将"某自治县"标为"某县"，将"某民族乡"标为"某民族自治乡"，将"威宁彝族回族苗族自治县"标为"威宁彝族苗族回族自治县"等。《中华人民共和国宪法》第三十条明确了我国行政区域划分，该条第一款第三项规定："县、自治县分为乡、民族乡、镇。"故"某苗族民族乡"不能称之为"某苗族自治乡"。《中华人民共和国民族区域自治法》中对此也有相关规定，对任何民族自治地方名称的错误称呼标示，不仅仅违反法律，而且可能引起民族纠纷，不可小觑。

某报纸转载国内某报的报道，标题为《经济学家建议　把国资分给13亿人刺激消费》。我国宪法第十二条规定：社会主义的公共财产神圣不可侵犯，该报道内容与宪法精神背离，极易造成误读误导，引发思想混乱。

某报A6版头条报道《领导下班有义务监督员"盯着"（主）

某某区聘请58人收集掌握领导干部8小时以外社交圈生活圈的表现（副）》。宪法第三十七条规定："中华人民共和国公民的人身自由不受侵犯。"将如此做法作为创新监督工作的经验来报道，有违宪之嫌，是为不可取的误导。

某报将尚在审理过程中的案件被告人称为"罪犯"；某报将"吸毒人员"称为"吸毒犯"。《中华人民共和国刑事诉讼法》第十二条明确规定："未经人民法院依法判决，对任何人都不得确定有罪。"尚在审理过程中的案件被告人只能称为"犯罪嫌疑人"，某报将尚在审理过程中的案件被告人称为"罪犯"的做法是违背法律精神的。

某网站的"游虫社区"论坛内出现枪支销售广告，名为《秃鹰PCP气套件 杭州哪里卖仿真 五四式多少钱一把》。该帖子内容显示，违法者明码标价销售各种枪支，如气枪、麻醉枪、军用手枪以及子弹等。我国法律严禁枪支买卖。这样的网络信息已涉嫌"非法买卖枪支弹药罪"。

某网站的"最黔言"论坛出现出售汽车遥控信号干扰器的帖子，帖子的标题和内容虽然都夹杂着新闻，但其售卖干扰器的实质难以掩人耳目。还有某网站论坛的办理"假驾照"帖子，某网站出现出售"假发票"信息，某网站论坛出现详细介绍三唑仑等"迷魂药"的帖子等。一些报刊不时刊登夸大药品疗效的广告，甚至刊出具有色情内容的性药品广告等。这些都是违反《广告法》法规的。

某报的"围观贵州"栏目内刊载一微博内容说："我感

觉，国家应该对贵州进行颠覆性扶持，比如，可以学习美国的拉斯维加斯，搞个赌场在贵州……"众所周知，赌博是我国法律严格禁止的。报纸上出现这样的文字，显得很出格。

某期刊的《非重点高校学生英语学习工具型动机现状及强化》一文说："大力鼓励扶持奋发向上者，鞭策懒惰无为者，说服教育心灰意冷者，惩戒鄙视孤立顽固不化者，这样才能从根本上强化英语学习动机。"《中华人民共和国教师法》第二章规定，教师应当履行关心、爱护全体学生，尊重学生人格，促进学生在品德、智力、体质等方面全面发展的义务。该文将学生分为三六九等，明显加以歧视，显然是错误的。

某报刊登一幅图片，说明为"原河北省人大常委会主任程维高接受审判"。程的腐败行为受到查处，中央决定给予其开除党籍处分，撤销其正省级待遇。这是党纪政纪处分，不属于追究刑事责任，说他"接受审判"不妥。

某报登出一则题为《丈夫打妻一巴掌/提醒别丢同情心》的新闻，说一对夫妇在街头观看残疾人表演时，丈夫施舍了5元钱，妻子口出怨言，说丈夫"笨"，愤怒的丈夫"啪"地一巴掌打在妻子脸上，提醒她"不要丢了做人的同情心"。打人是违法行为。此报道错误地宣传了打人行为的所谓合理性，并对打人行为加以肯定，是变相地为家庭的"施暴有理"张目。

某报刊出《时代呼唤"公德素质"》的短评，文内将砸碎阅报栏玻璃、公交车上不给老人让座等行为人称为"不法分子"。该文将公德素质低与不法分子划等号，是一种违法定义。

　　某报转载国内某报的一篇报道，题为《河南商丘人大代表吴振海非法集资6.1亿元被刑拘》。其中无一句提到吴的人大代表身份，也未提及警方对人大代表刑拘前的依法报批事宜。这是违反《全国人民代表大会和地方各级人民代表大会代表法》的相关法规的。

　　某报刊登《黔灵山抢劫杀人主犯昨日被执行死刑》消息，文中说："昨日，贵阳市中级人民法院对此案进行公开宣判，主犯陈丁建被判处死刑，并立即押赴刑场执行死刑。"此处忽略了一个重要环节，即地方法院对罪犯执行死刑，须经最高人民法院核准，这个环节在新闻报道上是不能省略的。

## 第二节　报道违规案例

　　某报在文摘版上设"前沿"专栏，不时刊载一些境外文章。如英国作者的《中国科学家为什么不愿回国？》，文内有"政治限制和文化态度持续阻碍中国的科学发展……所以很多人宁愿留在西方"。国家新闻出版管理部门规定："公开发行的文摘报刊、报刊文摘专版、专页一般不转载海外及港澳台报刊的文章。如需转载，应认真把关，不得出现政治内容和导向方面的错误。"

某报在报纸上设立"参考"版，主要刊载海外媒体的时政文章。其中一期的标题是《中国应努力做温和的"巨人"》，文内有李某的一段话："美国虽是霸权却是柔和的，但中国崛起后不会是个友善的霸权。"如此转载来自英国《金融时报》的文章，其基本立足点是对我国进行敌视分析和恶意攻击，刊载这样的文章属于严重违规的办报行为。

某期刊载文说："作为推动这种转型的中国共产党，既是新型族群文化建构的推动者，又是族群文化过去的破坏者……所以也就很难得到持久、普遍的感恩性认同。"这些观点，事涉大是大非，既与历史和现实情况不符，也是违反相关报道规定的。

某报连载版转发新浪网的报道，标题为《叶剑英让华国锋下台》。对于中国共产党党史上的重大事件，应以中共中央文献研究室和中共中央党史研究室编发的文献史料为准。轻率地从网上下载有错误的史料，违反了新闻出版的相关规定。

某期刊2013年第4期刊登《经济人类学视野下的社会主义发展问题再认识》一文，其中有"随着苏联和毛泽东成为过去的社会主义模式……"这样的说法。这种说法很不妥当，也是违规的。

一些市场类报纸不时出现将各种犯罪、事故以及社会不良怪异现象在版面上过于集中刊发的现象，形成负面新闻的突出展示。负面新闻在纸媒上不是不可以刊载，但须在刊载时经过筛选，要把握好"时、度、效"。如主观上以负面新闻为卖点，造成客观上的负面新闻集中刊发，对事件过于渲染，有悖于"正面宣传为主"的要求。

某报刊登记者报道，文内出现这样的转述文字："贵阳最大的优势就是气候宜人，民族文化绚烂多彩，发展旅游业前景广阔，那么政府工作的重心就不应该放在工业化和城镇化上，而是放在旅游业的发展上。"虽是转述别人的话，但出现在报纸上所代表的就不仅是个人观点，显然与重大内容和重要活动的宣传报道要按照省委统一部署进行的宣传纪律要求相悖。

一些网络媒体不时出现暗藏低俗内容的帖子，也理当加强监管，及时清除。

某些市场类报纸刊载胡编乱造的恶俗广告，编造虚假故事夸大产品功效。这样的广告内容虚假低俗，有违广告法规。

一些报纸上出现"性药"广告，某些网站打出"根据客户要求代办各类证件"，包括军残证、退伍证、房产证、离婚证等等的广告，都是违背法规的。

某报报道贵阳某夜总会涉黄事件，对有关"小姐"的来源、管理和服务等内容作详细报道，对所谓"桑式模式"的管理方法作详细介绍，对月收入过万元的"小姐"的风尘经历加以描述。有报刊还对恶性案件中嫌犯令人发指的作案手段作详细叙述。有关新闻出版规定指出："卖淫案件的报道内容不宜具体。"对恶性案件中的细节也不宜作详细报道。

某报2014年9月27日刊发题W为《男子吞下42颗毒品粒 刚到贵阳就被警方抓获》的消息，报道对抓捕云南籍毒贩罗某的细节描述过于详细，当时还有两名同伙未被抓住。这样的报道有打草惊蛇之嫌，对案件的彻底侦破不利。

2014年9月27日，某报刊发题为《男子步行上街8颗牙没了》

的报道，配发事故现场被撞男子躺倒路上，满嘴鲜血，身边有几颗被撞掉的牙齿掉在地面的图片。该报道过度渲染了血腥细节，既削弱了警示教育的意义，也让受众感觉报道缺乏人文关怀。

某报2014年9月30日刊登题为《撤并镇远、岑巩、三穗三县议案获州人大通过，拟报国务院审批（引）黔东南州拟建立镇远市（主）》的消息。行政区划变动，事关国计民生，其权限在国务院，在国务院正式批准前抢发消息是违规行为，不利于社会稳定。

某些报媒上用新闻方式做广告的现象时有发生。如以记者名义为企业或商家做产品广告，专版、专栏或文章收费以新闻形式刊发等等。中宣部、国家新闻出版部门对"有偿新闻"明令禁止，并有相关规定，应当遵守。

某报的"多彩贵州·市民随笔"栏目，刊发《从服饰看苗家三绝》一文，文末署名为"市民记者　某某"。此中的"市民记者"标示不妥，与有关新闻管理规定不符。

某报刊登《姓名解析》的小广告，其中说"姓名不仅仅是一个人生符号，它还隐含着破译人生事业、爱情、婚姻、财运的玄机"；某报刊登《〈花花公子〉女郎"诅咒"浮出水面/已有25人死于非命》一文；某刊登载《论"蛊"与法》一文，提出所谓"好的巫术是社会提倡和支持的"立论。这些宣扬唯心主义和封建迷信的报道内容，是法规所不允许的。

某报"法制社会"版刊发一篇网上仅以"网友"自称的匿名评论《刘方仁受贿判无期引出的话题——多少数额才判死刑》。文中有"像这样的高官哪怕就是贪污了几万元就该重重地判，为了杀一儆百""真不明白法律是咋回事。这能表明我们党在严惩腐败分子吗"等等。从网上下载刊发这种怀疑我国的司法公正，非议党的反腐决心的言论，是严重违规的。

在报道国务院通过的《行政机关公务员处分条例》时，有的报纸制作主标题为《公务员包养情妇可开除》，有的制作主标题为《公务员包养情人要开除》，均不准确，有违法规原意。某报报道《村民立法保珍禽》，某报将《社区"道德银行"管理条例》称为"一部成文法规"，这些都是有违法规的报道用语。

## 第三节　易引起司法纠纷的案例

某报的头版头条刊载《吃烤鸡腿中毒幼儿仍未脱离生命危险（引）食药监：疑摊主私自添加有害物质（主）》一文，把作为执法部门的某区卫生和食品药品监督管理局在送检样品尚未得出正式结论之前，仅是"怀疑"的说法写成消息公之于众，显然欠妥。作为执法部门，它的任何说法都是负有法律责任的。万一化验结果显示幼儿中毒非摊主私自添加有害物质所致，将如何收场？这样的报道容易引发法律纠纷。另外，把执法部门"卫生和食品药品监督管理局"随意简称为令人费解的"食药监"也欠妥当。

某报A9版刊发一条社会新闻，题为《绑架4岁小孩致死　两嫌犯被判死刑》。嫌犯是指对因涉嫌犯罪而受到刑事追诉的人，在检察机关正式向法院对其提起公诉以前的称谓。标题中"嫌犯"的说法与司法程序及所依据的事实背离，是错误的说法，此处应称为"罪犯"。

某报刊发《抢扁担追打警察　最终死在枪口下》一稿，报道广东肇庆一犯罪嫌疑人董某疯狂追打公安干警，经多次口头警告和鸣枪示警无效后，民警开枪自卫，董某受伤死亡一事。文内第三自然段说："警方称，怀集县公安局城南派出所冼副所长身穿警服带队到现场处警。拒绝董某接受调查，还在其家四楼楼层向处警人员掷砖头……"此中，"拒绝董某接受调查"一说，从语意上看是警方拒绝董某，然而从报道所表达的事理上看应是董某拒绝警方才对。这种事涉司法的报道，出现有违事理的差错，致使语意完全相反，不仅可能引起社会猜疑，还可能引发司法纠纷。

某地发生一命案，死者身上有贯通创。某报记者向现场一个法医专家咨询有关贯通创的技术问题，而且承诺不会报道。法医介绍贯通创的形成可能是子弹贯穿，也可能是铁钎刺穿等，原因很多。第二天该记者的报道见报："某法医专家认为死者遭枪击死亡。"引起轩然大波。为此死者家属上访要求查明"真正"死因，有关办案单位对不负责任的报道表示极大不满。

一些市场类报纸炒作明星或名人绯闻，如《蒋雯丽也搞姐弟恋？（主）被指恋上小16岁男星/经纪人回应：子虚乌有（副）》

《韦迪 你到底再婚了没》；还有关于王菲、李亚鹏、汪峰、章子怡等演艺圈名人的绯闻。这类报道引起一些公众人物的回应，如韦迪怒斥"假新闻"，并表示准备通过法律途径解决这个问题；章子怡海滩"艳照门"新闻也被指为违法侵权行为。

某报就出租车运营问题进行监督报道时，配发标有"公交"二字的出租车图片，字迹清晰。这样的报道内容与形式，因图片的选择和技术处理不当，容易引发报道纠纷，因为是否事涉"公交"，并不清楚。

某报报道"鱼精蛋白注射液"缺货问题，通栏大标题为《心脏病救命药全国缺货 卫生部不管》。该报在这一报道的提要中明确标出"卫生部答复称不归自己管，国家药监局称将进行协调"，但是主标题却称"不管"。一来与事实不符，二来容易诱发公众与政府的对立情绪，且带来质疑与纠纷。

某报刊发一篇题为《地摊淘象牙 古玩店老板领刑》的新闻，其中一段的节标题是"一审宣判被判两年罚3.5万被告不服"，但该段结尾却写道："宣判后，周杰（被告人）表示服判不上诉。"如此题文不符，自相矛盾的报道，不仅影响报纸的公信力，也容易引起司法纠纷。

某报体育版刊发《会诊中国女排 希望之火忽明忽暗》一文。文内第二小标题为"鞭尸 弹尽粮绝'俞家军'淌过最冷奥运会"，其中的"鞭尸"之说很离谱。无论是将何方作为"鞭尸"对象，都甚为不当。体育报道中类似这种过于调侃，甚至过于贬损，有侵害尊严以至人权之嫌的情况，不在少数，可能引起麻烦，应予关注与重视。

　　某报刊登《色情陷阱套牢黄色官员》一稿，报道某报社记者因犯诈骗罪、非法持有枪支罪等，被数罪并罚，决定执行有期徒刑19年。但见报时所配图片的说明为"图为伏法的某某"。此处"伏法"一词显然用错了，伏法是指罪犯被执行死刑，这里正确的表达应为"服法"或"伏罪"。

　　某报刊登某单位换届报道时，将新的公司总经理的照片"张冠李戴"，误登为前任总经理的照片，而前任总经理是已经定罪服刑的罪犯。此报道引起电话投诉，并受到新闻出版管理部门的追究。

　　依法治国、依法治省，在此背景下，作为社会公器、传播工具的新闻媒体，理当遵纪守法，率先垂范。学法懂法，既是媒体人的职业素养，也是媒体人的社会责任。不能以其昏昏，使人昭昭。

　　法治精神庄重严肃，法治报道也必须细致严谨，容不得半点疏忽马虎。涉法内容要做到反复考量，甚至字斟句酌，并不为过。要为科学立法、严格执法、公正司法、全民守法创造良好舆论环境。

# 第六章——

# 关于新闻写作的几个问题

　　新闻写作毫无疑问属于新闻的实操范畴。谈及新闻的写作问题，不能局限于如何坐下来"爬格子""敲键盘"，而必然会牵涉综合能力的培养，甚至"功夫在写外"等诸多问题。

　　本章节的内容，着力于笔者在新闻写作实践中的感悟和体会，并抓住其中的关键点提出自己的一些思考和建议。

## 第一节　新闻定义与新闻的"两现"能力

新闻的定义说："新闻是新近发生的事实的报道。"这里面包含三个理解点：其一，新闻是新近发生的事实；其二，新闻是变动中的事实；其三，新闻是受到人们关注和感兴趣的事实。

新闻姓"新"，喜新厌旧是新闻的本质属性。新闻的"新"主要包括两层含义：一是时新性，即时间要新，是新近发生的事实或变动中的事实；二是质新性，即事实要新，是受到人们关注和感兴趣的事实。当然，新的观点认为，新闻的"新"还应包括手法新，即新闻在表达时也要注意推陈出新。

新闻的权威定义的落点在"报道"二字，说明了新闻主观作为的重要性。报道既是人为的，它就具有主观选择性和主观能动性。这种主观性具有很强的意识形态属性，受到政治性、价值观的极大影响。

"高颜值"的新闻佳作和爆款产品的创制之法、制胜之道，说到底靠的就是媒体人对新闻的发现能力与表现能力。发现好的新闻如同找到了绝佳的食材；表现好的新闻则如同好食材得到高手的烹饪。发现能力主要仰仗媒体人"四力"中的脚力和眼力，即所谓的"脚踏实地""慧眼识珠"；表现能力主要仰仗媒体人"四力"中的脑力和笔力，即所谓的"脑洞大开""笔下生辉"。发现能力的制胜之道主要在四个字："颜值"与"独家"；表现能力的制胜之道则主要在八个字："引人入胜"与"感人至深"。

"高颜值"新闻作品的"政治气质""天生丽质"与新闻的发现能力紧密关联，而"艺术品质"必须依赖新闻的表现能力来锻造实现。

我国新闻界的老专家穆青写了一篇题为《新闻要抓新和实》的文章，笔者认为这一"新"一"实"，无疑是抓住了新闻"两现"即发现能力与表现能力的要害与核心。

穆青说："要抓新，首先就要有新闻敏感，知道什么是新闻……要善于发现新事物，看出新问题。老是跟在别人后面，照葫芦画瓢，搞尽人皆知的东西，不行。"说到"实"，穆青认为首先是做到真实，不能因为要抓新的，就搞无中生有。另外就是要实实在在，多讲实的，少讲空的，要突出新闻用事实说话这个最为显著的特点。

## 第二节　新闻写作仰仗的"五大功力"

新闻写作需要仰仗政治功力、理论功力、政策功力、专业功力和文字功力这"五大功力"，方能做到出精品、出佳作。

政治功力指正确的政治方向、政治站位与政治信仰，主要表现为政治的坚定性与自觉性。政治上的"两面人"，包括糊涂虫是当不好甚至当不了新闻记者的。

政治功力决定新闻记者的政治取向是否正确，政治立场是否端正，政治信仰是否坚定，是属于世界观、人生观、价值观的根本性问题。喻权域在新华社记者训练班上论述《记者的修养》时，所讲八条修养，排在第一位的就是"记者要有较高的政治水平和全心全意为人民服务的精神"。喻权域认为政治水平，首先是指党性，是与党和人民一条心。强调新华社记者是党的政治宣传人员，政治上不合格，不能当新华社记者。

说没有政治功力的人当不了记者，是指丧失党性、没有"讲政治"这一条，当什么记者都不行；说没有政治功力的人当不好记者，指政治标准是中国新闻奖等各类奖项评选的首要标准，失去政治功力的支撑，新闻作品就会如人之失魂落魄，不可能成为重大题材中的精品佳作。

理论功力主要包含马克思列宁主义、中国特色社会主义理论、习近平新时代中国特色社会主义思想等理论修养。

喻权域论述《记者的修养》，第二条就讲"记者要有较高的马列主义理论水平"。他比喻说："记者学马列主义，好比医生学医学。如果没有学好医学，尽管你有治病救人的满腔热忱，对病人的痛苦有调查研究，也治不了他的病。医生的处方笺上不写医学理论，但处方笺是在医学理论指导下开出来的。"记者的稿件中没有直接谈理论，但都是在理论指导下采写出来的。理论功力强、理论水平高是好记者、名记者重要的成功之道。缺乏理论修养的记者，尽管写得多，文字也优美，内行人一看就知其浅薄，只是个写稿匠而已。

政策功力指对党和国家大政方针、相关领域的法律政策、新闻采写所涉及的具体法规的熟悉了解。做到依法依规从业。

关于记者具备政策功力的重要性，可以从新闻报道既要做到"对"，又要做到"好"这两个方面加以阐释。做到"对"就包含在方针政策的宣导上不出偏差，记者的"大局观"，很大程度体现在记者对党和国家大政方针的理解把握上。只有做到对国情、省情、地情以及对政策措施的深度理解、精准把握，才能做到宣传报道上的"只帮忙、不添乱"。做到"好"的低标准是不在政策问题上"开黄腔"，说外行话，高标准是依赖对政策措施的深度理解、精准把握，通过用事实说话的新闻实现高质量报道，加深人民大众对党和国家的政治、经济、社会、文化、生态等方面政策的理解与信任，增强他们的幸福感、获得感和安全感。

专业功力是指具备较强的获取和处理信息的能力，熟悉新闻多种体裁并具备驾驭能力，以及兼备某一领域的专业知识。

这包括记者发现新闻的敏感性和表现新闻的优质性。延安《解放日报》1943年6月10日刊载《政治与技术》一文，指出："办报需要必要的技术修养，这是毫无疑问的。好的技术能把正确的政治内容最完善地表达出来，坏的技术则不能做到这点，甚至会起相反的作用。"过去就提出记者要成为新闻写作多面手的要求，即不仅会写消息，能写通讯、调查报告、言论，还会摄影等。现今进入媒体融合的新时代，除了前述要求仍没改变外，还要求记者能摄录视频，能当主播，能制作新媒体作品等等，专业技术要求更趋多元化、高端化。

记者需要涉猎多方面的知识，具有一个"万金油"的头脑，这是对记者专业功力要求的一个方面；记者专业功力要求还有另一个方面，就是尽可能成为某一方面的专家。你搞经济报道，就要尽可能成为经济领域的专家；你搞文艺报道，就要尽可能成为文艺方面的专家；你搞体育报道，就要尽可能成为体育方面的专家。

文字功力要求记者编辑应具有较高的人文素养，具有让新闻作品做到"三有"，文采斐然，富有吸引力、感染力、震撼力的语言文字能力。

马成广在《浅谈新闻写作的文字修养》一文中说："新闻语言不但要求形象生动，还要求准确、明确、通俗。实践证明，记者的修辞功夫深，表达能力就强，写出的新闻，社会效果就好。"魏联在论及《新闻语言的写作要求》时，提出"六忌六求"的观点，即忌夸张、求平实，忌空泛、求具体，忌深奥、求通俗，忌繁杂、求简练，忌陈套、求新颖，忌枯燥、求生动。这些观点对于提高新闻报道的文字功力都很有启迪价值。

很多新闻作者将新闻稿交给编辑的时候，都很担心自己的稿件不被采用，新闻稿件不被采用的原因有很多，比如与正确导向相悖、内容贫乏、事实陈旧等等。

下列与正确导向相悖离的违纪违规情况当被视为特殊原因：存在政治立场或错误倾向问题，如违背四项基本原则或与党和国家的方针政策相悖等；存在其他违纪违规问题，如虚假报道和有偿新闻等。上述两种原因极少出现在投向媒体的新闻稿件之中。

由此可见，这里所说的稿件不被采用的主要原因，是指除上述政治性问题之外的业务性原因，它们包括：内容贫乏、一般化，事实陈旧、非新闻，写作错乱、立不住。

新近发生的事实何其多，为什么不能都成为被报道的新闻？如人之生死之类。以人类的出生率，每分每秒都有不止一人呱呱坠地，何以大多不能成为新闻？原因就在于被报道的事实要具有特殊性、代表性、典型性，甚至怪异性等特点。业界将这些特点称为新闻价值七要素。

新闻缺少价值要素，甚至没有价值要素，必然造成内容贫乏，失去报道价值。

再者，新闻"喜新厌旧"，最忌讳"跟跑""炒冷饭"。原创独家叫新闻，受欢迎；"跟跑""炒冷饭"就成了旧闻，只能被舍弃。

还有，编辑处理稿件要讲加工基础，如果原稿写作错乱，比如新闻"五要素"不全，或存在矛盾，像对"何人"的交代，前面说是"张三"，后面又变成了"张五"，以及主体事实交代不清、逻辑混乱、文字硬伤偏多等等，导致编辑难于下手，或者要花费过多的核实功夫，稿件就难免被"枪毙"。

新闻的七大价值要素表明：新闻所具有的价值要素越多，新闻的传播价值就越突出。反之没有价值要素，新闻的传播价值就越小，甚至没有传播价值。

# 第四节　增强新闻写作能力的几点建议

关于提高新闻写作能力，笔者有三点建议：

## 做个"追新族"

干上、爱上甚或被逼上新闻这一行当，要想干得出色，或者算是过得去，就要养成好的职业习惯，就不允许有偷懒的德性。

养成好的职业习惯最要紧的一条，就是要不断地去发现、捕捉和反映那些新鲜的、有意义的事情，心甘情愿做个"追新族"。追新要追"三新"：即时新性（时间新）、质新性（内容新）、创新性（手法新）。严格说，新闻"追新族"没有上下班之分，不能上班时进入职业追新状态，下班后就关闭了追新阀门。争取成为一个"全天候"追新族，才算得上进入最佳职业状态。

在笔者的《揆情度理》一书中，有《从社会生活中发掘融媒创作之源》一文，文中提到一个事例，并进而展开一番职业性联想和议论：

某日，笔者在贵阳市喷水池办事，突遇大雨滂沱，好在事先有准备带了雨具，得以在雨量稍小时撑着雨伞等候公交车。当一辆26路公交车缓缓驶来，一位头顶塑料布、双手挂拐，早已站在路旁候车的残疾男子移步到停稳的车门前，一下挡住了好几位乘客上车的路线。但是，由于车位离路边台阶有一定距离，残疾男子几次试图抬腿登车都未成功。这时，站在他身后的一位女子主动俯下身，伸手抬起残疾人的右腿，将其脚掌放到车门台阶上，帮助他登上了公交。几位被挡住的乘客毫无怨言，冒雨等候残疾人上车后才陆续登车。上了车的残疾男子又享受到有人让座的待遇。只见他夹住双拐，缓缓坐下并扯下套在头上的塑料布，露出一脸感激的神情。

像这类发生在社会生活中的真实故事，完全可以发掘打造成为不错的融媒体产品。对新媒体而言，倘若把这样的事情摄录下来，制作成短视频产品，冠之以"暖心'视'一桩"，作为新媒体的一个固定栏目，由此形成既富有正能量，又满足受众"闻知心""好奇心""是非观"的融媒体新表达，应该是可行之为。

对传统纸媒而言，同样可以冠之以"暖心'视'一桩"栏目来反映这类事件。不同的是，纸媒要从自身特点出发，注重文字的表达，要写好故事、突出细节、活化现场。在这里，有一种手法技巧值得注意，即多用动词、用好动词。前文就公交车一事的叙述中，就出现许多动词的使用，如"撑着""驶来""挂拐""移步""挡住""抬腿""俯下身""伸手抬起""夹住""扯下""露出"等，让人如见其情、如睹其景，较好地实现了场景式表达。如果再加以"扫码看视频"的处理，一次采集、多种生成、多元传播的媒体融合运作便得以生成。

实际运作中，操作手可能会遇到种种具体情况。譬如这类事件往往具有偶然性和突发性，对新闻敏感度以及抓拍抢拍的能力有很高的要求。再譬如，这类作品的发布使用会涉及新闻法规问题，如新闻传播与人格权问题，需要做有关的业务技术处理，要征得当事人同意或做模糊性处理等等。

但是不能以运作中存在技术性难题为由，就阻断了这类作品发掘使用的路子，更不能因此放弃媒体融合创新的努力。笔者把自己切身经历的这件事写出来，其意主要不在由此引发的设一个"暖心'视'一桩"的栏目建议会不会被采纳，更重要的意图是想与同仁共识两点：一是新闻人的"新闻眼"除了睡觉时关闭，其他时间不论是工作还是休息，都不应该关闭它，就是说，用"新闻眼"观察社会生活这种"睁眼看世界"，并没有上班与下班之分；二是新闻传播贵在创新，媒体创新尤其是融媒体的新闻表达更看重并仰仗精彩的创意。当初，人民日报客户端推出的H5《快看呐！这是我的军装照》霸屏传播，从明星到素人，从耄耋老者到蓬头稚子，都沉浸其中，超过10亿的传播量、打破多个创新传播纪录。这种娱乐中"说服"传播不止于量，还有网友满屏对于中国人民解放军的敬仰之情。这给媒体人上了一堂生动的专业课：如何用"看不见的宣传"讲好中国故事，传播好中国声音。

所有这些都告诉媒体人，在媒体融合发展风生水起，呈风起云涌之势的当下，善于从社会生活中发掘融媒体创作之源，不断生成精彩的传播设想和创意，应该成为传媒人不懈追求的目标。

## 做个"持重人"

"持重"是指要勤于思考和善于把握新闻报道的分量。持重的"重"在于以下几点：

1. 重要。党和国家的大政方针、重要精神、重大部署等。

2. 重点。一段时期和一定时段省市党政、部门行业的重点工作、中心任务、重要安排等。

3. 重头。媒体围绕上述"二重"组织的报道活动，推出的重头栏目，唱出的重头戏等等。

要当好持重人，关键在提高自身的政治素养。新闻工作属于意识形态领域，为上层建筑范畴，对从业者的政治理论素养、文化思想修养以及政策法规水平等都有较高要求。因此，媒体人只有加强政治理论、文化思想和政策法规等方面的培养与修炼，才能适应工作需要。

在实际运作中要注意以下几点：

1．吃透上头，对涉"重"的事情了然于胸；熟悉下头，对基层的情况和现实的问题心中有数。这样才能接通"天地线"，碰撞出火花。

2．注意观察分析并及时把握媒体的重大报道活动，尤其是推出的重头栏目、唱出的重头戏等。做到这一点，就有利于自己成为持重的有心人，能投媒体之所好，有的放矢地投送稿件，提高投稿的命中率。

3．注意将工作性的东西转化为符合新闻性要求的内容，做到抓时效、显重要、讲贴近、有信息、求新意。

抓时效，就是强调新闻的时新性，必须抓住新近发生的事实或新近变动的事实，捕捉要快、出手要快。

显重要，就是突出传导的政治性、重要性和正能量价值，凸显其"国之大事""省之大事""一地一域之大事"的政治意味，或成风化人的宣传教育作用。

讲贴近，就是要向民众的切身利益靠近，向民生的热点焦点靠近，向受众的喜闻乐见靠近。

有信息，就是要摒弃炒文件、做报告、搞总结的工作范式，应该尽可能从文件、报告、总结中挖掘为社会与大众关心关注的政策信息、经验信息、新观点新思想信息等等，达到新闻的本真要求。

求新意，不仅包括新闻的质新性即内容新的含义，还包括新闻的手法新等创新作为。比如，消息或通讯的创新写法、图片的创新拍摄与编排、短视频的个性化制作、信息的制图式表达等等，都在有新意之列。

## 做个好写手

新闻工作的能力大致可概括为"两个现"，即发现新闻的能力和表现新闻的能力。前述内容主要是讲发现新闻的能力，这里要说的就是表现新闻的能力。在讲稿件不被采用的主要原因时，也提到写作不到位的问题，就是说，即使新闻素材很好，但缺乏好的表现手法，写作出现大的问题，那也是不行的。

好写手写建议：

### 选题时突出政治气质考量

首先考量选题的政治气质究竟怎样？政治气质是什么？关键要看"三大价值"，就是"高举旗帜的导向价值、服务大局的指导价值、鼓舞士气的感召价值"。

### 写作中落实"九个改"要求

"九个改"即改虚空为实在、改抽象为具体、改笼统为细节、改浮浅为深刻、改冗繁为简洁、改浮华为质朴、改说教为谈心、改陈旧为鲜活、改惯常为新颖。

关于发现新闻和表现新闻的能力，由笔者选编获得贵州新闻奖的通讯作品《独山妹子》，可作为一个典型实例。这篇通讯写道：

罗秀清，名字起得清秀，模样长得也清秀。但人却很泼辣。

我和罗秀清是这样相识的。

6月22日，我乘403次列车由都匀返贵阳。车停高坪铺，上来个扛大包提小包的姑娘。车厢里不挤，可她偏要跟我挤。争执过后，谁也不理谁。过了半晌，她耐不住寂寞，主动找我说话："还生气啊？" 我答道："不生气干什么？"她说："吹龙门阵。"

搭话后，她让我猜她是哪儿人。我一口咬定："独山的。"她很诧异："太神了。说说看，你怎么猜到的？"我卖着关子说："你知道吗？黔南人有句口头禅，'瓮安女人独山妹'。像你这么厉害的姑娘只能是独山人。"

一来二去，我得知她名叫罗秀清，家住独山麻尾，布依族，眼下正在铁路线和公路线上跑买卖。我原以为像罗秀清这样坚强乐观的独山妹子不会有什么忧愁烦恼，谁知道她讲出来的都是辛酸苦楚。

罗秀清初中毕业，没能继续升学。母亲要她嫁给一位母女俩都未见过的铁路工人："他是吃公粮的。女人就得嫁个好婆家。这是命。"罗秀清不信命，死活不嫁。那天晚上，母亲跪在罗秀清面前哀求："乖崽呀，嫁了吧。要不，妈就不认你。"罗秀清抹一把泪，冲出家门……

罗秀清无家可归，只好做点生意。可是，布依族姑娘下田劳动可以，哪能到外面抛头露面呢？一时间，到处风言风语。罗秀清穿差点，人家说"装穷"；罗秀清穿好点，人家说"骚气"。搞得她里外不是人。好心人劝罗秀清："秀清呀，别癫了。找个男人嫁了，多安稳。"罗秀清抹一把泪，仍然去癫……

罗秀清告诉我，她每天从独山弄点蔬果到都匀、贵阳去卖，再把贵阳、都匀的百货弄点回独山去卖，这几年赚了不少钱。当然，更重要的不是钱，而是证明布依族能行，女人能行。罗秀清说，她还想带村子里的几个女人一起干。

活得很累，但很充实。这就是罗秀清，一个普通而不寻常的独山妹子。

笔者以《无意之间　有意之中》为题，对该作品作了如下评析：

记得刚拿到《独山妹子》原稿时，心里曾"咯噔"了那么一下。这感觉不是因为感到稿子不行，而是觉得它异乎寻常，如同看惯了清一色的老款式，忽然看到一套新颖的时装。

要说《独山妹子》最突出的特点，就在于它的鲜活性。它是条"活鱼"，活得稍不留意就会从身边溜掉。

记者与一位乡间少女陌路相逢，邂逅之中吵了那么几句，摆了那么一阵，这也值得写？可记者不仅写了，还写得不错。一个"改革开放给边远民族地区带来深刻变化"的主题，尽在这700余字的小通讯之中，而且像是在拉家常、摆故事，那么自然，那么生活化，无一丝刻意强加的色彩。

邂逅是无意的，采访写作却是有意的。记者多次在途中看到外出经商的乡里人，早有写写他们的念头。不期而遇这么一个泼辣大方，具有典型性的布依少女，"就写她"，这一板就在脑子里迅速敲定，一条稍纵即逝的"活鱼"也就这样抓住了。

新闻靠事实说话。而最有说服力的事实往往隐藏在茫茫人海之中，要靠记者"慧眼识珠"去发现。这可说是《独山妹子》给予我们的一个重要启示。

关于做个好写手，以下主要讲一讲新闻标题的制作。因为题是"先行官"、题是"主心骨"、题是"打门锤"。"看书先看皮，看报先看题"，"宝马还要金鞍配"。新闻精品的写作更要看重标题的作用。

由中国人民大学新闻学院出版，刘保全编著的《新闻标题制作经验荟萃》一书，对新闻标题制作提出12条原则与技巧提示。

**1．运用美学，文题生辉**。如《房前绿水哗哗笑　屋后青山步步高》，就是一条既有意境美，又有动感美、对仗美、韵律美的标题。

**2.言中有物，标出事实**。如《肯尼迪遇刺身亡》《三峡工程实现大江截流》《海口公开拍卖"大哥大"号码》等。

**3.标新立异，突出个性**。如《酸出"金"酸出"银"/我市陈醋享誉京城》，这条反映太原老陈醋厂的产品在全国名优新特调味品博览会上夺金揽银的标题，就很有个性。

**4.题中"画像"，引人爱读**。如《莫把"衙门"抬下乡》，"衙门"二字，把官僚主义、形式主义"现场办公"的现象和本质都概括了，一个"抬"字，则活画了这类"现场办公"者的丑态。

**5.题中含情，以情感人**。如《毛主席含笑乘"东风"/说："坐上我们自己制造的汽车了"》，这是欣喜赞美之情；《假币 你这个坏东西！》，这是担忧焦急之情。

**6.藏而不露，巧设悬念**。如《人民日报》的一则言论标题《讨人烦的"电视明星"》，借"电视明星"讽喻那些以经常上电视为荣为乐的领导干部的"华而不实"。《锦州日报》的《黑车碰上了红灯》，有悬念引人的作用效果。

**7.言约意丰，回味无穷**。如《陕西农民报》标题《渭南撤了两个"官"/一个不敲磬 一个爱搂钱》；《人民日报》标题《假种子真把俺们坑苦了——老汉一何怒 妇啼一何苦》。两题都有简练形象、朗朗上口，且巧用"一"字，令人回味之妙。

**8．缩短距离，贴近受众**。如《解放日报》标题《上海中医学院函授普及班开学》，主标题标出了新闻事实在地域上与报纸受众的贴近性。《经济日报》标题《平谷大桃红 谁予起芳名》，一个"谁"字，一下就调动了广大读者的参与意识。

**9．活用动词，望文生欢**。如《中国面条缠住美国人的心》《巴山蜀水 瑞雪纷飞》《某某经济跑出加速度》等等，常以动词的活用而意气风发。

**10．巧用数字，欲罢不能**。如《经济日报》标题《1+1=7/侯宗宾一席谈》，数字的悬念引人阅读。《745个公章和45次进京》，以数字的力量对官僚主义、机构臃肿的弊端加以揭露，具有振聋发聩之效。

**11．正反对比，增强气势**。如《把死物变成活材》《小动物后面的大阴谋》《莫道北京冷 音乐有热流》《从"顶牛"到"牵牛"》《从"惹不起"变成"人人喜"》等等。

**12．反弹琵琶，新鲜有味**。如《解放军报》标题《现代军事重视"纸上谈兵"》，《法治日报》标题《清水衙门有贪官》等，就是利用逆向思维，反弹琵琶制作而成的好标题。

简要而言，新闻标题的制作要领有以下几点：

（1）准确之外，再求其他；

（2）一语破的，让人一目了然、一见钟情；

（3）标出主要新闻要素。

## 第五节　关于新闻写作基本要领的把握

提高新闻写作能力需要强化固化对新闻写作基本要领的理解与把握。

消息写作的要害在于告诉受众"是什么"。所以，消息写作的基本要领是做到"五要素"俱全，即"何时、何地、何事、何人、何因（为何）"必须交代清楚。尤其是何时、何地、何事这三要素不能残缺，否则"是什么"就说不清楚。

"五要素"不能含糊不清、虚化泛化。比如将具体的年月日时用"近日、最近、近来"等替代，就是对"何时"要素的虚化泛化；将具体的地点、单位用"某地、某处或某处西南方向"等词语替代，就是对"何地"要素的虚化泛化；将真名实姓的某人用"老张、老李或一位王姓顾客"等代替，就是对"何人"要素的虚化泛化。这些都是应当避免的。

消息写作无论如何创新，都必须遵循基本原则。譬如消息的"倒金字塔"结构，就是要把最重要的、受众最关心的事实放到最前面来呈现，其实体现的也就是前面所述的"五要素"俱全。

一篇题为《消息特征拾遗》的文章中写道，消息的特征被理论性概括为"真、新、快、短"。"真"即居于生命地位的新闻的真实性；"新"即最显新闻特点的内容新与时间新；"快"即消息的发现与表现要快；"短"即消息的篇幅要短小、文字要简洁等。所有这些，都是没有疑义的。

然而，消息的特征中还应该增加一项，即"重"。这个"重"是指消息所蕴含的价值分量要重、思想意义要重、社会影响要重。尤其是要去争取获奖的消息，就更不能缺少这一点。

"新闻是新近发生的事实的报道。"大千世界、芸芸众生中新近发生的事实何其多也，并非都能经过报道而成为真正意义上的新闻。新近发生的客观事实要通过报道成为新闻，需要得到"这是有报道价值的新鲜事"的主观判断的支持，完成从发现、表现，以至到认可的一系列主观性活动。这当中，评价判断的标准其实就归结在这个"重"字上，即要看新近发生的事实是否具有价值分量重、思想意义重、社会影响重的特质。因此，消息特征中不应缺少"重"。

这篇文章强调了消息写作中选题立意的重要性，这是从另一个层面谈消息写作。当然，这种重要性并非消息作品所独有，而是针对"消息特征拾遗"而言。

通讯写作的要害在于告诉受众"为什么"及"怎么样"。通讯的文字篇幅往往多于消息，播发时间也可以稍微滞后，它要靠生动的描述、精彩的情节留住眼球、打动人心。因之，通讯写作的基本要领是做到留住细节和讲好故事。

笔者撰写的《风雪四千里》，记述了自己初中阶段步行串联的经历。其中写道：

你也许会问：从成都到北京，全程2368公里（4736里），你们的步行里程为何是2228公里（4456里），其中的140公里（280里）到哪里去了？

这就不得不从一个能折射这一路艰辛的事例说起。

朱家学，我们8人队伍中唯一的女性，以当时14岁的年纪，带着瘦弱的不及一米五的身躯，跟随7个男子汉一路行来，其中的诸多不易、艰难困苦，还真是一言难尽……

原来，由于这一路上卫生条件差，朱家学的头上长了很多虱子，在她头痒抓搔的时候又不慎将头皮抓破，虱子们便一拥而上，汇聚到破溃处吸血，由此越聚越多，破溃处也越来越大。当时我们看到的情景，就是一块铜钱般大小的破溃头皮处爬满了虱子，且头朝下，露着灰白色的屁股在那里蠕动，那情景实在让人触目惊心，没齿难忘。

此作创新之一：设问式开头，造悬念、引关注；创新之二：典型化取材，唯一女性，诸多不易；创新之三：细节化、白描化手法，镜像化呈现，让人如临现场、如见其景。

笔者也写过一篇关于通讯写作的"理论阐释"文章，叫作《怎一个"情"字了得》，文章说：

通讯写作的要诀，说一千道一万，似可一言以蔽之：怎一个"情"字了得。

这个"情"，就是事情、感情和温情。

通讯具有现实性、形象性、评论性等特点，"事情"既是现实性、形象性的由来，也是现实性、形象性的归依。通讯要以叙事且突出细节的手段，报道新近发生的有意义的事实，紧密配合当前形势，为现实中心工作服务；通讯要综合运用多种手法，对人和事进行具体形象的反映，人物要见音容笑貌，事情要有始末情节，以此来感染打动读者。所有这些，都离不开说清事情，更离不开讲好故事。

通讯的评论性在于通过夹叙夹议，揭示人物事件的思想意义，表现出强烈的政治倾向和爱憎感情。"感情"可以视为贯穿通讯作品的一条红线，且这条红线的精彩呈现有一个重要的前提："只有先感动自己，才能感动别人。"

"有思想、有温度、有品质"，"三有"作品的"有温度"，就是源自人性化、人情味的温暖之情。让"敬重油然而生"，是通讯作品的高境界，要臻于这样的境界，就不能不依靠人性共仰的"温情"的力量。

至于新闻言论写作有多少禁忌，有些一言难尽。但要说新闻言论写作最大的禁忌，当推空泛议论、言之无物莫属。

新闻言论写作，言之有物很重要。首先是指新闻言论要体现很强的政治性、准确的针对性和强烈的时效性。新闻言论是关于政治和一般公共事务的议论，由媒体就当前重大问题、新闻事件发表议论或做解释，或提批评，或谈意见，或发号召的一种新闻体裁。这一定义不仅显现了新闻言论政治性、针对性和时效性三个特点，也圈定了新闻言论必须言之有物的本质要求。

业内名家有关于言论写作的经验之谈，称为"言论写作三要素"，"三要素"即有故事、有见识、有文采。居于"三要素"中的有故事、有见识，岂不是新闻言论必须言之有物的重要证言？

新闻言论的写作原则中，也将以事为由、据事论理置于首要位置。这一切都在阐述一个道理，倘若新闻言论落到无的放矢、无病呻吟、空泛议论、言之无物、毫无说服力的地步，那就是新闻言论写作的最大败笔。所谓"事理"，就是因事说理、以事见理。没有"事"的依托，"理"就容易成为无源之水、无本之木，缺了感染力，没了说服力。

无论是消息写作要告诉受众"是什么"，通讯写作要告诉受众"为什么"及"怎么样"，还是新闻言论写作要做到"言之有物"，其要害和核心都在于要理解与把握新闻写作"用事实说话"的基本规律。譬如，网络名人"两金一张"，"两金"即中国人民大学"杰出学者A岗特聘教授"、中国人民大学国际关系学院副院长、外交学专业博士生导师，中国人民大学中国对外战略研究中心主任金灿荣及中国人民解放军国防大学战略研究所所长、战略学博士生导师金一南；"一张"即复旦大学特聘教授、复旦大学中国研究院院长，国家高端智库理事会理事，上海春秋发展战略研究院高级研究员张维为。他们都是值得新闻人学习的"用事实说话"的高手。

金一南在演讲中痛心于孙中山"四万万中国人一盘散沙"之言，列举1900年八国联军侵略中国，就区区18811人，结果10天攻陷北京，签订《辛丑条约》，中国沦为半封建半殖民地国家。当时北京城高池厚不易攻克，有中国民众告诉联军，广渠门下水道未曾设防，联军从下水道鱼贯而入。联军进攻皇宫，民众帮着填平壕沟，帮着架梯子、扶梯子，有的坐在城头上帮着八国联军瞭望、传递信息。"九一八"事变，当时1万多日本兵面对19万东北军，差不多1：20的比例，结果两天丢掉奉天（沈阳），一周丢掉辽宁，两个多月东三省沦陷。这当中用强烈对比、史实数字印证观点的手法，给人强烈震撼，留下深刻印象。

忠实于并善于"用事实说话"，的确是新闻写作极重要的一个诀窍。然而，用以说话的新闻事实不能是一般的事实，而是要有典型意义、鲜活性、生动性和说服力的事实。

什么是有典型意义的事实？金一南讲到一个事例。新中国成立，毛泽东说"中国人民从此站起来了"。此话初出，很多人都不相信，尤其是那些外国人。一位日本教授说，看看你们那糟糕透顶的近代史，任什么人都可以来踢一脚、搂一拳，动辄就割地赔款。毛泽东一句话就站起来了？谁信呀？但是，1950年你们竟然敢跨过鸭绿江，与武装到牙齿的美国人干一仗，还把美军赶过了三八线，我才真觉得毛泽东的话有些道理。抗美援朝是立国之战、立威之战，金一南讲到的这个事例，就是有典型意义的事实。

什么是有鲜活性的事实？2022年北京冬奥会开幕式的点火

仪式，一改最终点燃熊熊燃烧的主火炬的惯例，而用手手相传的小火炬代替熊熊燃烧的主火炬，这一极具创意的事实，就是证实中国奉行人类命运共同体理念的最具鲜活性的事实。

什么是有生动性的事实？金一南讲了一个故事。2015年金一南参加一次中美会谈活动，为了给处于疲态中的基辛格提神，金一南向基辛格提问："1972年2月你陪同尼克松访华，你们的车队有多少辆车？"基辛格一下子眼睛都大了，说有多少辆，40辆、50辆、60辆？金说不对，是107辆。基辛格眼睛放光反问道："你怎么知道是107辆？"金回答说，当时还是北京一个街道小厂学徒工的他，乘坐公交车去上班，被当天的交通管制堵在路上。公交车上许多人都在数车队的数量，有人还站在引擎盖上数，一直数到107辆。结果因为堵车，他第一次上班迟到。会谈茶叙过后再次进行时，基辛格站起来将身子转向金一南，鞠了一躬说："现在，为43年前那次耽误你上班，我向你正式道歉。"为此金一南说，基辛格向我鞠躬，凭什么？因为我后面是一个强大的、崛起的中国。

2020年12月23日，笔者看到一个"抖音"视频，是一位快递小哥给某医院的一位护士送快递。在传递物品的一瞬间，护士发现快递小哥的手冻伤了，就断然让小哥不要走留在原地等候。视频上出现护士返身急走，小哥在原地局促踏步的情景。不一会护士返回，立即给小哥做冻伤处理，临了还抓住小哥的手，硬是把一副手套塞到小哥的手里。不到两分钟的视频，讲述了一个充满浓浓温情和暖意的故事。还有不少例子都深刻说明，好的故事往往都是生动性的新闻事实。善于讲故事应当成为新闻人的拿手好戏。

什么是有说服力的事实？不仅应该看到具有典型意义、鲜活性、生动性的事实，还应看到具有说服力的事实，数字事实在说服力上也具有特殊的意义和作用。前面提到金一南用强烈对比的史实数字印证观点的手法，给人强烈震撼，留下深刻印象。世界抗击新冠疫情大背景下，央视天天播出中国与美国的感染人数与死亡人数新闻，其中所蕴含的"四个自信"的说服力意义，实在是不言自明。

唐代诗人李峤的五言绝句《风》中写道："解落三秋叶，能开二月花。过江千尺浪，入竹万竿斜。"诗中未见"风"字，却让人深感长风劲吹的动静。这其中的奥妙就在于诗人精彩描绘出风在自然界造成的镜像，实际展示的就是其"用事实说话"的高超功力。

通过精准的事实、精选的角度、精彩的表达，使传播"润物无声"，让信服发自心底，让敬重油然而生，这是新闻的"时度效"应该追求的目标与境界。

说新闻写作的能力问题，不能死盯着一个"写"字。

有一句话说："功夫在写外。"就是指写作功夫的"三多"即多读、多想、多写，重要的在于"多读、多想"，尤其是"多想"。"多想"就是"悟"，就是感悟、醒悟之"悟"，最高境界就在于"悟"。

具体怎么"悟"？笔者总结有"悟己""悟他"两种路子。

"悟己"就是拿自己的作品来作为"悟"的对象。譬如保留自己的原作原稿，将之与发表时的作品来对比，感悟为什么标题作了修改，文字作了删减，结构作了调整，甚至体裁作了变动。尽量悟出其中的变化之道、高明之处。"悟己"还可以拿自己的早期作品与后期作品来比较强弱、思之短长，借以看清自己的成长轨迹，找出其中的制胜道理。

　　"悟他"就是拿别人的作品来作为"悟"的对象。尽量多读些获奖作品，尤其是获得中国新闻奖、贵州新闻奖的高奖次作品，多想想别人为什么能获高奖次，人家的高颜值"三要素"即政治气质、天生丽质和艺术品质究竟好在哪里？

　　只有将种种"悟"的成果内化于心，才能使写作能力的提升外化于行。善"悟"者能收事半功倍之效，不善"悟"者只能落事倍功半之臼。

# 第七章——

# 旗手、号手、好写手

新闻评论是媒体的旗帜与号角，常常发挥着引导、感召、监督等特殊效能，是新闻舆论工作的重要组成部分，具有十分重要的地位和作用。

搞好新闻评论的写作，培养造就媒体在新闻评论站位上的旗手、号手、好写手，对于提高媒体的传播力、引导力、影响力和公信力，意义非同一般。

新闻评论，是媒体对新近发生的有价值的新闻事件和有普遍意义的紧迫问题，运用分析和综合的方法，以事论理，就实托虚，有着鲜明针对性和指导性的一种新闻文体，是现代新闻传播工具经常采用的社论、评论、评论员文章、短评、编者按、专栏评论和评述等的总称，属于论说文的范畴。简而言之，新闻评论就是对有价值的新闻事实和社会现象发表意见以指导实践的一种文体。

从新闻评论的定义中可以看出，新闻评论要发挥对有价值的新闻事实和社会现象发表意见以指导实践的作用，就是要像旗手一样担起举旗导向的责任，像号手一样吹响号角，亮明观点，发挥对人的思想和行动的引导与鼓舞作用。

新闻评论写作与其他新闻体裁的写作相比，具有其特殊性，以旗手要讲高度、号手要讲准度、好写手要讲温度的标准来衡量，要求新闻评论写作要具备"两大功夫"的要求，应该比其他新闻体裁写作的要求更严格。

### （一）"内化于心"的功夫

所谓"内化于心"，就是新闻评论要做到论点有准度、高

144

度，论据有精度、深度，论证有力度、温度，必须仰仗较高的政治素养、理论素养和政策素养，具备将重要的尤其是自己论述要涉及的思想理论、政策精神、部署要求等先学一步、深悟一层的特别能力，达到"内化于心"的境界。

作为旗手、号手、好写手的新闻评论员，对其政治素养的要求应该是高层次的。党的新闻工作要求新闻评论员必须具有政治上的坚定性与自觉性，必须具备马克思主义、中国特色社会主义理论、习近平新时代中国特色社会主义思想等理论修养，以及对党和国家大政方针、相关领域的有关政策、评论所涉及的具体政策的熟悉了解。据此确保不能有乱举旗、乱吹号的胡乱作为，确保不会发出导向错误的噪声杂音。

### （二）"外化于行"的功夫

就是要熟知新闻评论的定义、特点及作用，并能驾轻就熟地操作运用。同时具备让新闻评论做到论述精当，文采斐然，具有感染力、震撼力。倘若能做到见解独到、文风独具、个性独立，则是"外化于行"的更高境界。

"两大功夫"的"实然"路径：

新闻评论要做到"大事振大声"，有两层含义：一是大事面前不能失声；二是发出的声音一定要坚定有力。

论点是新闻评论之魂，评论写作首先要解决立论（主论点、分论点）问题，即写什么。论点关系到举旗引路，评论是否发挥了"高举旗帜、引领导向"的作用，论点的正确鲜明至关重要，而这一点离不开"内化于心"的支撑。新闻评论排比式写法的运用，以及分论点的展开，把道理说深讲透，就离不开对有关指导思想、方针政策全面深入的了解与把握。

《社会主义没有辜负中国》《中国没有辜负社会主义》这两篇评论文章，论点宏大、深邃、鲜明，论据论证深刻、充分、有力，其中排比式写法的多次运用等，都非常精到精彩，实为"内化于心""外化于行"的经典例子。

新闻评论写作通常遵循的逻辑层次：

1．亮明论点（揭示意义）；

2．展开论据（论述事态）；

3．进行论证（阐释事理，指出达到论点目标的路径与保障）；

4．抒发情感（道出憧憬与希望等）。

以新闻评论文章《在"黄金年代"奉献"黄金年华"》为例，"实然"路径和逻辑层次较为分明：

新年伊始的2022年1月18日，国务院印发《关于支持贵州在新时代西部大开发上闯新路的意见》（国发〔2022〕2号），明确了贵州西部大开发综合改革示范区、巩固拓展脱贫攻坚成果样板区、内陆开放型经济新高地、数字经济发展创新区、生态文明建设先行区等战略定位，提出了到2025年、2035年的发展目标。新国发2号文件令全省干部群众倍受鼓舞、倍感振奋、倍增干劲，大大增强了全省上下在新时代西部大开发上闯新路，奋力开创贵州高质量发展新的"黄金十年"的信心和决心。

青年时代是人生的黄金年华。"青春、青春",其实就是将青年时代喻为人生的春天。生机勃发、充满活力的青春年代,那就是人生一世的黄金年华。

新国发2号文件的发布,为贵州有志青年提供了在"黄金年代"奉献"黄金年华"的机遇和舞台。奋力开创贵州高质量发展新的"黄金十年",离不开充满生机活力的贵州有志青年这支生力军队伍。

在"黄金年代"奉献"黄金年华",从个人的层级上讲,深蕴着"大河涨水小河满"的道理。回顾在国发〔2012〕2号文件的有力推动下,贵州开启了改革发展的新时期,创造了赶超进位的"黄金十年"所带给我们的强烈获得感、幸福感和安全感,我们就完全可以坚信,在新国发2号文件的激励下,奋力开创贵州高质量发展新的"黄金十年",其实就是在为我们自己以及我们的子孙后代造福。

在"黄金年代"奉献"黄金年华",从贵州的层级上讲,又深蕴着再创惊世业绩的宏大憧憬。在贵州后发赶超的上一个"黄金十年",我们在全国唯一没有平原支撑的省份创造了"高速平原"的奇迹,还创出贫困面最大、贫困程度最深的省份彻底告别绝对贫困,实现与全国同步小康目标的奇迹……按照新国发2号文件给贵州绘制的"四区一高地"的战略蓝图,奋力开创贵州高质量发展新的"黄金十年",定能再创贵州新的惊世业绩。

在"黄金年代"奉献"黄金年华",从国家和世界的层级上讲,还深蕴着民族复兴中国梦和人类命运共同体的宏伟愿景。做好自己的事情,坚定地走"共同富裕"的中国特色社会主义道路,实现巩固脱贫攻坚成果与乡村振兴战略的有效衔接,就能为中国经济的"双循环"提供坚实的保障,就不惧怕任何敌对势力的打压遏制。在这个国家运作和国际博弈的棋局中提供贵州经验,作出贵州贡献,不仅非常光荣,而且很有意义。

习近平总书记在"庆祝中国共产党成立100周年大会上的讲话"中殷切寄语:"新时代的中国青年要以实现中华民族伟大复兴为己任,增强做中国人的志气、骨气、底气,不负时代,不负韶华,不负党和人民的殷切期望!"

牢记嘱托担使命。贵州有志青年在"黄金年代"奉献"黄金年华",必定大有作为,必将大放异彩。

此文共有8个自然段。第1至第3自然段为亮明论点的段落;第4至第6自然段为展开论据、进行论证的段落。其中采用了排比式写法,从"个人层级""贵州层级""国家和世界层级"铺排论据、展开论证,阐释了由"三个层级"做到在"黄金年代"奉献"黄金年华"的重要意义;第7至第8自然段为抒发情感,道出憧憬与希望的段落。这篇千字文从新闻评论写作的实操上讲,是具有较好的示范意义和启发价值的。

# 第二节　　新闻评论写作要领

关于新闻评论写作的要领，由于思考角度的不同，以及个人认知差异等因素的影响，可能会得出大同小异，甚至差别较大的结论。笔者赞同"七个有"写作要领，即有魂魄、有阳光、有影响、有物料、有颜值、有锋芒、有时效。

## 有魂魄

魂魄就是"48字"要求的居首8个字——高举旗帜、引领导向；就是"15字"使命任务要求的居首3个字——举旗帜。

对社会主义制度的坚定自信，就是《社会主义没有辜负中国》这篇新闻评论的灵魂所在。对党的十八大以来"黄金十年"的自豪情感，就是《在"黄金年代"奉献"黄金年华"》的魂魄所在。

## 有阳光

　　阳光就是要科学理性、积极健康，弘扬真善美、具有正能量。网络评论文章《2019年春天里最温暖人心的糖果》写道："就在2月17日，安徽阜阳市阜南县焦陂镇一位年轻人因一句'你请我吃块糖吧'，获得了数以万计的好评和点赞。这是怎么回事呢？原来这位刘姓车主刚买了十几天的新车被一女子骑电动自行车不慎剐蹭，随后这名女子主动拨打110报警，并在车主到场后主动道歉、协商赔偿事宜，而刘姓车主在了解到这名女子因家庭突发变故，一个人抚养两个小孩，生活极为困难等情况后，主动放弃索赔，只向对方要了一颗糖果。这颗糖无疑成了2019年春天里最温暖人心的糖果。"这就是闪烁在"真善美"人性中的阳光。

　　在全程媒体、全息媒体、全员媒体、全效媒体的新形势下，无处不在、无所不及、无人不用的信息如果掌控在坏人手里，不讲阳光正气，必然祸害天下。社会主义核心价值观不论从哪个层面看，都遵循有理有序、有阳光讲正气。

## 有影响

　　就是要有舆论影响，有社会反响。譬如网评文章，在认同率高的前提下，实现高点击率和高转载率。

　　认同率的关键仍取决于新闻的规律性，即评论文章所具备的新鲜性、接近性、重要性、指导性、显著性等新闻价值要素，要素越多，则认同率就越高，影响力也越大。网评名人、复旦大学的张维为教授以《这就是中国》网络评论节目的主讲人身份，让无数网友在节目中读懂中国、读懂世界，让"中国人你要自信"这句话在心中叫响。张维为教授拥有粉丝无数，成为影响力显著的典型人物。

## 有物料

笔者曾写过一篇理论阐释文章——《言之有物很重要》。文中说："新闻评论写作有多少禁忌，有些一言难尽。但要说新闻评论写作最大的禁忌，当推空泛议论、言之无物莫属。新闻评论写作，言之有物很重要。"有物料，就是言论写作要有事实、有故事、有见识，做到论据充分、扎实。

国防大学的金一南教授论及孙中山感叹旧中国"一盘散沙"的国情，列举八国联军进攻紫禁城时，北京市民坐在城头观风景，还给联军指点迷津的事例，实为"有物料"的典型例证。

## 有颜值

所谓"论点鲜明、论据有力、论证精彩"，要有较高的文字质量和文化气息。

秦殿杰刊于《新闻业务选编》中的《评论写作的技巧艺术》一文，提到评论写作的十个技巧，如"一字立骨"法，即将评论的主题提炼成一个字，然后就此展开论述，像《人民日报》的"人民论坛"刊登的《戒"逸"》《戒"溺"》《戒"盈"》《戒"急"》等，就是"一字立骨"的好文章。其他还提到段落起首句式重叠法、段落穿插抒情法、掌握呼应法、巧用"对偶""排比"法、设问反问法、"顶针续麻"法、成语警句典故运用法等技巧艺术，无疑对提高新闻评论的颜值水平都大有助益。

## ▷ 有锋芒 ☁

是倡导"真善美"的鲜亮平台，抨击"假丑恶"的匕首与投枪，必须具有提批评的战斗性风采及谈意见的针对性锋芒。

如人民网文章《疫苗也搞"美国优先"，这种吃相太难看》，新华网文章《成都确诊女孩被网暴？严肃的疫情防控不容添乱！》等，不仅论点鲜明，也很有战斗性风采及针对性锋芒。

## ▷ 有时效 ☁

新闻评论，切记评论前面有"新闻"二字，不能拾人牙慧地"炒冷饭"。第一时间介入社会变动中的新闻事件是核心要义，并以此作为增强传播力、引导力、影响力和公信力的重要根基。

对以上"七个有"的理解，有助于新闻评论员强化对"三手"（旗手、号手、好写手）的认知与把握。

## 第三节　新闻评论的语言特色

创作高颜值的新闻评论作品，从语言文字方面看，要有较高的文字质量和文化气息。新闻评论语言特色的下列"七个化"，对于提高作品的吸引力、感染力，增强新闻评论的传播效能，具有重要意义。

### 新闻评论语言的标准化

即重要概念、重大提法等在新闻评论的表述中必须做到准确规范。

例如：

增强"四个意识"，坚定"四个自信"，做到"两个维护"；

不能误为增强"四个意识",坚守"四个自信",做好"两个维护",更不能误为增强"四个意识",坚守"四个自信",做好"四个维护";

"以习近平同志为核心的党中央"不能误为"以习近平同志为总书记的党中央";

"习近平新时代中国特色社会主义思想",不能误为"习近平中国特色社会主义思想""习近平新时代社会主义思想";

"学史明理"不能误为"党史明礼"。

## 新闻评论语言的激情化

即文字语言要尽量富于感染力、召唤力,以引发更多的思想感情共鸣。

例如:

江山就是人民,人民就是江山;

在战"疫"的国际比较中,我们对自己制度优势的自信,从来没有像今天这么亲切、深刻、真实和具体;

战"疫"取得决定性胜利,中国经济满血复活;

国家民族的最大公约数是我们共同的精神家园;

牢记嘱托、感恩奋进,开创经济兴百姓富生态美的多彩贵州新未来。

## 新闻评论语言的理性化

就是要凭借思想内涵和逻辑力量，以富于启迪性的语言文字，形成"以文化人"的传导效果。

例如：

真理有时候在少数人手里；

多数人因为看见而相信，少数人因为相信而看见；

夏虫不可语冰，井蛙不可语海；

古人说，天予不取，反受其咎；

党的十八大一结束，习近平总书记就提出要在党内"立规矩"，立规矩就是亮旗，破坏规矩就要亮剑。

这就是我们的"心胜"：西方模式走下神坛，美国神话已经终结；心胜：战胜对手有两次，第一次在内心中。"知人者智、自知者明、胜人者力、自胜者强。"心胜的关键在战胜自己的弱点。

## 新闻评论语言的大众化

即语言的通俗性、民众式、口语化等，以增强评论的贴近性、亲和力与吸引力。

例如：

抗美援朝是立国之战，正如毛主席所言："打得一拳开，

免得百拳来";

有网友讽刺美国（恃强凌弱），说他是江湖第一高手，今天砸人家养老院，明天砸人家幼儿园，一个武馆都不敢砸；

中国落后挨打的历史，就是"你有狼牙棒，我有天灵盖"的历史；

下三滥的流氓手段；

新娘接新郎、乐坏丈母娘；

大马过得江、小马过得河；

疫苗也搞"美国优先"，这种吃相太难看；

中国一些人被西方话语忽悠，脑子进水；

贵州"厕所革命"改变"一个坑，两块板，猪在旁边喊"的如厕环境；

网络司马南频道里的"隔壁王奶奶"，成为"知事明理"的代名词。

## 新闻评论语言的战斗化

即新闻评论在体现提批评的战斗性风采及谈意见的针对性锋芒时应有的语言风格，以发挥好投枪匕首作用。

例如：

你打你的原子弹，我打我的手榴弹；

别人挖个坑，你就往里跳；

好景不长，潮水退了才知道谁在裸泳；

被一仗打回原形、荒腔走板、特不靠谱、痛打落水狗、继续走衰、一地鸡毛……

## 新闻评论语言的趣味化

指新闻评论语言的生动有趣与讽刺幽默色彩。

例如：

现在美国最需要中国的"公知"去帮忙了，对不对？就是当当志愿者也可以呀！或者写写日记也可以呀！

"一夜之间180个战地医院将遍布美国"，这是中国"公知"的无脑吹；

你已经长成了姚明的个子，还想躲在潘长江的后面；

前方吃紧、后方紧吃；

羊毛出在牛身上。

## 新闻评论语言的新颖化

指新闻评论借力热词新语，尤其是合理使用网络词语形成的语言格调和感染力量。

例如：

美国民众占领了国会山，美国政治要走向何方？这个看似吃瓜群众的看客问题，实际由于美国的大国影响力，而变得严肃起来；

再如：

挺牛气、最牛团队、碾压式优势、很雷人、给力、点赞、好嗨哟、王道、粉丝、马甲、菜鸟、刷屏、吐槽、打铁、拍砖、是个狼人、脑残粉、恨国党……

笔者用本节来阐述新闻评论的语言特色，意在表明，要成为新闻评论的好写手，需要具备较强的写作能力和表达能力。从一般意义上说，这种能力集中表现在对语言文字的驾驭能力上。一个好的新闻评论写手，不仅能够用丰富的语言词汇准确生动地表达自己的思想观点，而且能够形成自己的语言个性，使人不看署名也知道文章出自何人之手，进而喜欢这种语言个性，成为其"粉丝"读者。这是新闻评论写作不同于其他新闻体裁写作的一个突出特点。当然，这种能力不是简单地堆砌辞藻，更不是去追求语言文字的华而不实。这种高超的语言文字驾驭能力，应该也必须建立在厚重的学养与深刻的逻辑思维能力的基础之上。鲁迅的杂文就是这两种能力兼具的典范。

## 第四节　从实操层面看新闻评论"三要素"暨体裁知识

实际操作一条新闻评论，总免不了对新闻评论"三要素"的认识与把握，要从确定论点入手，依靠论据展开论证。

### 新闻评论"三要素"：论点、论据、论证

从以事论理、就实托虚，看"三要素"的实与虚：论据为实，论点、论证为虚；论据是事实，且大多是新闻事实；论点、论证是基于事实基础形成的观点，以及说明观点的手法。

### （一）论点

论点"三要义"：重要、鲜明、新颖。

论点"两类型"：主论点、分论点。

论点与标题。根据新闻评论的论点通常会在标题上显现的特点，新闻评论的标题也常常就是该新闻评论的论点。

**论点之重要：** 论点关系旗帜道路、国计民生、中心大局、团结稳定、大是大非等，是为重要。

例如：《实践是检验真理的唯一标准》（1978年5月11日《光明日报》）

《迎着老百姓的方向走》（1998年11月11日《河北日报》）

《改到深处是产权》（1994年1月28日《人民日报》）

《以高质量发展统揽全局》（2021年1月23日《贵州日报》）

**论点之鲜明：**新闻评论的思想观点明确、立场主张坚定，不会含糊不清、模棱两可，是为鲜明。

例如：《拜金主义要不得》（1993年4月8日中央人民广播电台）

《不尊重女生的教育》（1999年6月14日《中国青年报》）

《"大锅饭"养懒汉》（1983年1月27日《人民日报》）

**论点之新颖：**基于新闻事实立论，具有新鲜、贴近、新奇、有趣等立论特点，是为新颖。

例如：《如果所有的母亲都生男孩》（1983年3月7日《人民日报》）

《别了，0！》（1984年7月31日《中国青年报》）

《老当"易"壮》（1982年3月27日《长江日报》）

新闻评论的主论点应该是显明的，让人易于辨识的。主论点是居于统领、主体、核心地位的论点；分论点是对阐明主论点具有辅助、深化意义的论点。

例如：（主论点）以高质量发展统揽全局；

（分论点）以高质量发展统揽全局，当有遵循；

（分论点）以高质量发展统揽全局，当乘大势；

（分论点）以高质量发展统揽全局，当明思路；

（分论点）以高质量发展统揽全局，当抓重点；

（分论点）以高质量发展统揽全局，当强保障。

## （二）论据

论据"三要义"：准确、生动、有力。

论据"五类型"：新近发生的事实、故事类事实、史料类事实、数字类事实、事理类（经典类）事实。

**论据之准确：** 论据与论点具有内在紧密联系，是为准确。

例如《不尊重女生的教育》一文的论点与论据：

我所在城市的一家电视台有个少儿节目，一段时间围绕班上同学关系的问题，连续采访了三至六年级几个班的小学生。当向男生问及有关女生的问题时，男孩子大多会如此侃侃而谈："堂堂男子汉怎么好意思采纳女同学的意见？""男女授受不亲，女同学遇到困难时我不能去帮助她。""男子汉大丈夫能屈能伸，被女同学瞧不起，应该自豪而不应该自卑。"

我想不清，如此"大男子主义"是怎样在这些跨世纪的孩子心里扎下根的。（1999年6月14日《中国青年报》）

**论据之生动：** 论据的形象性、鲜活性等，使之具有强烈的吸引力和感染力，是为生动。

例如《"刹车"辩》一文的论据：

所谓"刹车"，是调整速度的形象化说法，它与前进毫不矛盾，车辆在前进的过程中，必须包括加速、减速、后退、刹车等一系列动作，这一切都要视道路的情况而随机应变。有谁见过司机在整个行车过程中从不刹车而一往无前？路面不平，要踩刹车；拐弯抹角，要踩刹车；前面有障碍，当然要踩刹车；出现意外情况，更要紧急刹车。总之，要胜利到达目的地，途中不知要踩多少次刹车。世界上恐怕没有哪个司机可以不问是在平坦宽敞的高速公路上，还是在坑洼不平乡间小道上，都以200公里的时速前进，也绝不会有人因为司机根据道路情况踩了刹车而指责其反对前进的。（1988年10月27日《经济日报》）

**论据之有力：** 论据的思辨性、启发性等，使之具有强烈的震撼力和说服力，是为有力。

例如《"对策"也可当镜子》一文：

"你有政策，我有对策"，这是一种不正之风。

对于"对策"，一是要反对，二是要研究。

比如，有的政策、文件在制定时不够缜密，或缺少实施的细则，或不注重实行结果的反面论证；有的政策弹性很大，缺乏明确的规定性，可以这样解释，又可以那样解释，以至留有许多可钻的空子。因此，遇到有人搞"对策"，不妨冷静地检查一下政策本身的问题，看看在什么环节上有什么不当、不足、不周之处，进而加以弥补和完善。（1985年6月4日《新华日报》）

## （三）论证

论证要力求"四个精"：即精准、精辟、精练、精彩。

论证"六手法"：

## 1. 事理式论证（毛泽东：《愚公移山》）

毛泽东的评论文章《愚公移山》，就是运用中国寓言故事"愚公移山"强调人在自然天地间的积极作用的事理，来有力地论证中国革命一定会胜利的道理。毛泽东在文章中写道："中国古代有个寓言，叫作'愚公移山'。说的是古代有一位老人，住在华北，名叫北山愚公。他的家门南面有两座大山挡住他家的出路，一座叫作太行山，一座叫作王屋山。愚公下决心率领他的儿子们要用锄头挖去这两座大山。有个名叫智叟的老头子看了发笑，说是你们这样干未免太愚蠢了，你们父子数人要挖掉这样两座大山是完全不可能的。愚公回答说："我死了以后有我的儿子，儿子死了，又有孙子，子子孙孙是没有穷尽的。这两座山虽然很高，却是不会再增高了，挖一点就会少一点，为什么挖不平呢？"这就是"强调人在自然天地间的积极作用的事理"部分；毛泽东在文章中又写道："现在也有两座压在中国人民头上的大山，一座叫作帝国主义，一座叫作封建主义。中国共产党早就下了决心，要挖掉这两座山。我们一定要坚持下去，一定要不断地工作，我们也会感动上帝的。这个上帝不是别人，就是全中国的人民大众。全国人民大众一齐起来和我们一道挖这两座山，有什么挖不平呢？"这就是"有力地论证中国革命一定会胜利的道理"部分。这样的论证就很好体现了"精准、精辟、精练、精彩"的特点。

## 2. 分合式论证（乾兴平：《以高质量发展统揽全局》）

评论文章《以高质量发展统揽全局》包含若干个分论点，分别是以高质量发展统揽全局，当有遵循；以高质量发展统揽全局，当乘大势；以高质量发展统揽全局，当明思路；以高质量发展统揽全局，当抓重点；以高质量发展统揽全局，当强保障。通过"当有遵循、当乘大势、当明思路、当抓重点、当强保障"五个分论点，有力论证了以高质量发展统揽全局必须做到的方方面面。

## 3. 设问式论证（毛泽东：《质问国民党》）

1943年7月12日，延安《解放日报》发表毛泽东撰写的社论《质问国民党》，文中出现"这些国民党人同日本人之间的关系，究竟是怎样的呢？""难道尽撤河防主力，倒叫作增强抗战吗？难道进攻边区，倒叫作增强团结吗？""现在你们将大门敞开，不怕贼来吗？假使敞开大门而贼竟不来，却是什么缘故呢？""为什么你们不怕日本人把中华民族'统一'了去，并且也把你们混在一起'统一'了去呢？"这一连串的设问、反问、质问，精准、精辟、精练、精彩地论证了国民党反动派奉行消极抗日、积极反共政策的实质。

## 4. 渐进式论证（梁启超：《奴隶与盗贼》）

梁启超发表于《新民丛报》的时评《奴隶与盗贼》，从指斥揭露慈禧太后在外国侵略者面前卑躬屈膝的丑态开始，递进一层："民间如顺从朝旨乎，则奴隶而已矣。"紧接着再递进一层："奴隶犹可，两重奴隶，何以堪之！"就是说，人民若是顺从了，则不仅是清廷的奴隶，而且是外国侵略者的奴隶。进而更深一层写道："如稍有不屈乎，则盗贼而已矣。"如此哀叹朝廷把百姓推入非奴隶即盗贼的境地，真是太可悲了！这篇154字的时评，采用渐进式论证的手法，揭露晚清政府腐朽没落的本质，产生了很强的说服力和震撼力。

**5. 数据式论证（《假如都像徐永山》）**

发表于1980年4月20日《中国农民报》上的社论文章《假如都像徐永山》说："按规定，耕一亩地，作业成本不能超过八角钱，有的地方超过了一元，而（拖拉机手）徐永山只要四角三分五。按规定，拖拉机工作量达到五万亩就得大修，大修一次得花三四千元，而徐永山的拖拉机工作量已达十一万七千亩，还不用大修，机车保持了良好的技术状态。"社论进而写道："假如都像徐永山，一台拖拉机一年节省柴油一吨半，单是六十万台大中型拖拉机，一年就可以节省九十万吨柴油。假如都像徐永山，一台拖拉机一年节省修理费一千五百元，全国就是九亿多元。"该社论以具体的数字论据进行说理论证，深刻阐释了"四化"建设中节约精神以及榜样力量的价值和意义。

**6. 据典式论证（《论谋势》《赵括和马谡》）**

载于1997年1月6日《人民日报》的评论文章《论谋势》，起首处就引用了"善弈者谋势，不善弈者谋子"这句中国棋道中的经典语言，据此对领导工作如何把握形势、趋势、大势、大局展开论证，是为据典式论证的一个好例子。

吴晗的《赵括和马谡》一文，凭借中国历史中赵国将领赵括和蜀国将领马谡自以为是，光凭书本知识、理论知识，不顾客观形势，不听有实践经验人们的劝告，结果摔了大跟斗的典型故事，论证主观主义、教条主义不仅害己害人，甚至可能误国误民的深刻道理，成为据典式论证的典型范文。而毛泽东的《愚公移山》，则既是事理式论证的典范，也是据典式论证的典范。

## ▼ 几种常见新闻评论文体的写作

### （一）社论

　　社论是新闻评论的重要体裁之一。它是代表编辑部就某一重大问题发表的权威性、指导性评论，是规格最高的评论体裁，发表的位置最为显著。社论直接代表媒介编辑部发言，在某种程度上甚至还代表着同级党委和政府的意见，其内容具有重要性、政策性和指导性。重要的社论不仅要在编辑部经过多次审阅，还要送交上级部门审阅。

### （二）评论员文章

　　评论员文章是新闻评论的另一重要体裁，是介于社论与短评之间的一种中型评论文章，既可以单独发表，也可配以新闻报道刊发。它有署名和不署名两种形式，不署名的评论员文章代表编辑部发言的意味更重，主要用于论述涉及重要政策、重大典型或重大问题的评论，与社论的差别不大，有时被作为社论看待；署名的评论员文章代表个人发言的意味更重，便于对众说纷纭、尚无定论的事物展开评析。

## （三）新闻述评

新闻述评属于新闻评论的范畴，它主要是通过评述结合的方式，分析和评价事实，直接表明作者的立场和主张，从而发挥舆论导向的作用。

新闻述评的特点亦即其写作时应遵循的原则：

**1. 评述结合，以评为本**。述是评的基础，评是述的目的。述评中对新闻事实的叙述，要从实际出发，根据内容的需要，有时述多于评，有时评多于述。叙述的方式也有所不同，有的是报道最新发生的事实，也有的是对一段时间内的事实的叙述；有的是具体的描述，也有的是概括的叙述；有的只报道一两个典型的新闻事实，也有的是概述面上的情况；等等。有时在叙述新闻事实的过程中，已经包含了作者的倾向和分析，只要再加以画龙点睛的议论，就足以说明问题了。

**2. 述中有评，评中有述**。述评以新闻事实为基础。这些事实来自实际生活，反映实际生活。述评的评，或者说它所讲的道理，主要是来自对述评所提供的新闻事实的分析。因此，评和述的结合，可以体现由个别到一般、由具体到抽象、由现象到本质的认识规律，容易被人们所理解。述就是摆事实，评就是讲道理。述评中的事实不是随意选用的，因为它是评的依据，有些事实的选用就是有针对性的。评是为了弄清客观事物的本质，阐明新闻事实所包含的带有普遍意义的新经验、新问题，而不能就事论事。许多述评采取夹叙夹议、边叙边议的方式，述中有评，评中有述，有助于从理论和实践的结合上，从事物之间的共同规律的高度提出问题和解决问题。

**3. 由述而评，以评驭述**。述评所讲的道理，是作者通过对大量新闻事实进行分析而得出的结论，这也是述评与某些推理性评论的主要区别。因此，述评更注重材料和观点的统一。述评所选用的事实，都是服务于评，为了说明观点，或者说要受观点的统率。在一般的情况下，述评的述多于评，但并不是说事实越多越好。

新闻述评的写作要求：

**1. 论题新颖，选材精当**。它的论题即所评述的内容，应当是现实生活中的新事物、新情况、新经验、新问题。这样的述评，立论也才会有新意，使受众有新鲜感。述评所选择的新闻事实首先要充分，要足以说明问题，但不是越多越好。过多不必要的事实，反而会淹没述评所提出的问题和作者的观点。其次，选择事实要有的放矢，述评的事实要典型，要有一定的代表性，能反映同类事物的本质特征。

**2. 即事明理，注重分析**。述评讲道理，应当是缘事而发，即事明理是通过对新闻事实的分析而得出的结论。这种分析应当是切合实际的、入情入理的分析，这样才能以理服人。受众是会思考的，述评的作者不能把自己的观点简单地塞给受众，更不能强加于人，而是要通过对事实的分析，给受众以启迪，引导他们通过自己的思考作出正确的判断。

**3.夹叙夹议，事理交融。**夹叙夹议就是把叙述和议论，把具体的事实和抽象的议论，围绕文章的中心思想，有机地结合起来，阐明一定的道理。这样的表述方法，可以使观点和材料水乳交融、浑然一体，符合人们的认识规律，为群众所喜闻乐见。可以先述后评，也可以先评后述，关键是要处理好述和评的关系，评中有述，述中有评，两者结合为一个有机的整体。还可以叙和议穿插进行，夹叙夹议，有述有评，边叙边议，同样可以取得较好的效果。

## （四）新闻短评

新闻短评是一种简短而灵便的评论形式，在发表时有署名与不署名两种。署名短评以个人身份发言，形式自由，手法多样。不署名短评代表媒介编辑部发言，是编辑部评论中比较短小、灵便的一种体裁。短评在运用时有两种形式：一为针对某一事物或问题发表的独立成篇的简短评论；二为配合新闻报道就实务虚、就事论理的短小评论。其中，配发式短评的运用更为普遍。

新闻短评的特点亦即其写作时应遵循的内涵：

**1.短小精悍。**一般来说，短评的字数多在500字左右。短评的短小精悍体现在评析内容的具体、立论角度的集中、结构的简约和文字的精练上。短评不是社论或评论员文章的缩写形式，它抓住新闻报道或所评析事物的某一点进行议论，力求行文精粹，不蔓不枝。

**2. 新鲜独特。** 短评的"新"，首先表现在选题更新鲜、及时，抓住最具时效性的新闻报道或新鲜事实做出分析和评价；其次表现在立论角度的新颖和观点的独到上，能够从新的视角观察事物，做出与众不同的分析并得出具有个性的见解和结论；此外还表现在引入新的论据，采用新的表述方式，使评论给人以新的信息和新的启迪等。

**3. 生动灵活。** 首先，短评的分析说理应该生动引人，议论风生，运用多种议论手法使文章富有生气；其次，短评的结构方式应灵活多样，依据不同的评析对象变换文章开头、结尾与谋篇布局；再有，短评的语言文字也应生动活泼，使文章在言之有物的同时短而有趣。

新闻短评在写作时应做到：论题具体，一事一议；长话短说，议在实处；源于报道，高于报道；言近旨远，词约意深。

### （五）编者按（编后语）

编者按是一种言简意赅的新闻评论体裁，是编者基于新闻或文章的事实、观点产生的看法、强调、建议或补充。它可以加在新闻或文章之前，也可加在其后或其中。编者以简洁质朴的文笔生发观点，起画龙点睛、完善与升华主题之效。编者按的写作应掌握"四性"：

**1. 依附性。** 编者按是依附于一篇或一组新闻的事实素材，缘事而写、借题而发的编者文字，有其源于事实的依附性，同时又有高于事实的引导性。

**2. 鲜明性**。编者按的写作要立场坚定、态度鲜明。无论是褒是贬，都要语言明朗，不能含含糊糊、模棱两可。

**3. 灵活性**。编者按的类型较多，常见者有推荐型按语、说明型按语、补充型按语、启发型按语、小结型按语等。写作时要根据不同按语的要求灵活运笔，避免千文一面、万部一腔。

**4. 简洁性**。编者按篇幅较短，其写作要求简明生动、短而有力，其语言要力求准确、质朴、精当、贴切，以一当十。

# 第八章——

# 新闻标题制作举要

新闻标题是最先与受众发生联系的新闻事实、观点或信息。正所谓"题是新闻的眼睛""看报看题、看书看皮"。

从编辑的角度说，题是新闻的头脸，是此新闻区别于彼新闻的个性化标志；从写作的角度说，题是新闻的灵魂，对新闻写作有主导性作用；从受众的角度说，题是初识的朋友，是先入为主和第一印象的由来。由此可见，无论从何种角度说，新闻标题的意义和作用都是重要而显著的。

制作新闻标题是从业者极为重要的基本功，需要对新闻标题的含义、特点、结构、作用有充分的了解与把握，需要掌握新闻标题制作的原则及技巧，等等。新闻标题的制作是一门特殊的学问，内容浩繁，一言难尽，故而定此章题为：新闻标题制作举要。

## 第一节　新闻标题的含义

　　什么是标题？《辞海》中的解释是："新闻工作术语。报刊上新闻和文章的题目，通常特指新闻的题目。制作标题是新闻编辑的主要工作程序之一。报纸编辑部用标题来概括、评介新闻的内容，帮助读者阅读和理解新闻。"

　　国内新闻界前辈、著名记者安岗则认为："标题是什么？当一个记者从事采访活动，他看到一些问题、现象和事实，在写作中把事实概括起来，就形成了标题。实际上，标题就是一篇文章的主题，它是文章主题的最简明、最有力、最好的体现。"

　　两种解释从不同的方面阐释了标题的基本概念与特定内涵，但却各有缺陷。前一种解释偏重于"编"的角度，后一种解释偏重于"写"的角度，因之，需将两种解释互为补充，方能有助于对标题这一概念的特定内涵做出全面准确的理解。

　　另外，还有一种新闻标题定义的代表性说法："在一篇或一组新闻本文之外，用以揭示新闻内容或特点、区别于正文字体或字号的简要文字叫标题。"这种说法则从表现形式上对标题的定义做了必要的补充。

## 第二节　新闻标题的作用

　　"看书看皮，看报看题。""眼睛是心灵的窗户，标题是报纸的眼睛。""题好一半文。"这些在新闻业界让人耳熟能详的话，从不同的角度强调了标题在新闻实践活动中的重要性。

　　新闻标题的作用，教科书上将其概括为"告知作用""诱读作用""评价作用""美化作用"四个方面。

### 告知作用

　　标题的主要功能在于最简明地向读者揭示新闻中最重要的内容，使读者可以在一瞥之中获得重要或有用、有趣的新闻信息，满足先睹为快的受众需求，并据此进一步对阅读的内容作出选择。

　　例如：《香港迪士尼昨开门迎客（主题）国家副主席曾庆红出席开幕式并致辞（副题）》（2005年9月13日《贵州都市报》）

　　《贵阳卷烟厂三车间聘任5名"工人专家"》（2006年11月

6日《黄果树烟草报》）

这类告知读者在"何时""何地"，尤其是发生"何事"的新闻标题，在报纸上大量出现，体现了告知作用是新闻标题的主要功能。报纸是新闻纸，新闻标题要标出新闻，说的就是这个道理。

一则告知功能凸显的新闻标题，即便读者无暇阅读新闻全文，也能通过它对这条新闻有所了解。

例如：《人大常委会批准国务院规定（引题）适当延长职工探亲假期（主题）已婚职工每四年也可以探望父母一次（副题）》；

此题将国务院关于职工探亲待遇新规定的主要内容浓缩后披露，其本身就是一条重要的简明新闻。

## 诱读作用

《新闻写作基础知识》一书中有这样一段话："你可以把马牵到水边，但你却无法强迫它饮水。当你把你的报纸送到读者手中的时候，你会遇到类似的问题：无法强迫他阅读。不过，有一个办法可以诱使他阅读你的报道，那就是，运用精彩的标题。"这段话可以作为新闻标题诱读作用的极好注解。

新闻标题的制作可以运用多种手法，通过满足受众最迫切的信息需求，满足受众的未知欲望，满足受众的好奇心等，以准确、简明、形象、生动的语言，诱发读者的阅读兴趣，吸引读者去进一步阅读新闻。这就是所谓的"眼球效应"。

譬如读者看到类似下面的标题，就很难摆脱细细品读的欲望：

《一个战士活捉一百七十多个敌人》（1948年4月19日　陕北新华广播电台）；

《怪，在成都病也能"卖"》（2005年9月6日《北京青年报》）

## 评价作用

新闻标题还可以用显现的或含蓄的方式，对新闻事实进行简要的评论，流露作者的感情色彩或倾向，表明报纸的态度，引导读者正确理解新闻内容，进而引起受众的感情共鸣。

如下列标题：

《当官不为民做主　不如回家卖红薯》（1979年9月6日《人民日报》）；

《谁是最可爱的人》（1951年4月12日　新华社）；

《索玛花为什么这样红（主题）——记优秀共产党员、木里县马班邮路乡邮员王顺友（副题）》（2005年　新华社）；

这些标题以新闻事实为依据，灌注了作者深厚的情感，喜怒哀乐，溢于言表；主观评价，跃然纸上。凭着新闻本身的真和作者真实的情，让读者情动于衷，其影响力和感染力不言而喻。

# 美化作用

新闻标题的美化作用包括两个方面：

一是通过内在功能给受众语言美感。好的新闻标题是语言的艺术、语言的学问。在新闻事实和语言环境确定的情况下，不同的语言表达往往会有截然不同的阅读效果。报刊上被人称赞的好标题，大多都在修辞手法、遣词造句和形式结构上别出心裁，给人以语言的美感。

一些诗词式标题透出意境美、豪放美。如《春风又绿江南岸》《东方风来满眼春》等。

一些对偶式标题显出对仗美。如《错批一人　误增三亿》《古都新风起　榕城春意浓》等。

一些贯通式标题托出辞格美。如《能人教众人　众人变能人》《猪多肥多　肥多粮多　粮多猪多》《学中干　干中学》《风格高遇到高风格》《台上他讲　台下讲他》等。

一些讽刺式标题露出幽默美。如《美国卫星去海底捞月》《前方吃紧　后方紧吃》《羊毛出在牛身上》等。

一些警句式标题溢出哲理美。如《榜上无名　脚下有路》《点燃自己　照亮别人》《冰冻三尺　非一日之寒》等。

一些口语式标题现出通俗美。如《新娘接新郎　乐坏丈母娘》《少刨了坡坡　多吃了窝窝》《大马过得江　小马过得河》等。

这类标题最显著的特色，就在于充分发挥了修辞的技巧和优势，满足了中国受众讲究文辞优美的传统心理。

二是通过外在形式以美化版面。由于标题的形式和名类多种多样，字号大小不一，字体式样繁多，在版面上错落有致，排列有序，横直配合，疏密相间，使版面条理分明、眉清目秀。作为重要的版面编排手段，标题能够发挥区分版面、突出重心、美化版面的作用。

## 第三节　新闻标题的结构与分类

新闻标题以其结构而论，主要有单一结构和复合结构两种。单一结构只有主题；复合结构不仅有主题，而且有引题或副题，或引题、副题兼而有之。

## 单一结构

《南京发生日寇大屠杀惨案》（1938年延安《解放日报》）

《"一厘钱"精神》（1963年3月24日　《人民日报》）

《实践是检验真理的唯一标准》（1978年5月11日《光明日报》）

## 复合结构

《加强市场开拓　扩大发展空间（引题）中华钢笔写出大文章（主题）》（1997年6月14日《解放日报》）

《十五亿年前地球一天只有九小时（主题）澳科学家对地球自转速度问题提出新见解（副题）》（1980年1月20日《南方日报》）

《车辚辚　马萧萧　凯歌贯云霄（引题）最可爱的人回来了（主题）安东举行盛大欢迎大会和欢迎宴会（副题）》（1958年1月5日《人民日报》）

新闻标题以其性质而论，可分为实题和虚题。实题的特点是侧重报道新闻事实，交代重要的新闻要素，比较具体、确定，具有动态性；虚题的特点是重在说理或抒情，即使报告新闻事实，也往往着重表现新闻事件的性质、状态和特点，偏于静态。标题太虚了，会流于空洞，不着边际；太实了，又会就事论事，缺乏感染力。因此，新闻标题常常需要以实带虚，虚实结合。

## 实题

《张作霖拍卖东三省》（1920年10月2日《民国日报》）

《三门峡截流工程大功告成》（1958年12月12日《人民日报》）

## 虚题

《诚则"0"》（1949年3月29日《申报》）

《1＋1＋1＝？》（1984年9月13日《中国青年报》）

《水　水　水》（1986年6月1日《经济参考》）

## 虚实结合

《红桃是怎样开的？（主题）——记党的忠实女儿赵梦桃（副题）》（1963年6月26日《陕西日报》）

新闻标题以其种类而论，包括主题、引题、副题、插题（分题、小题）、提要题（揭示题、纲要题）、边题（边际题）、尾题、栏目题、通栏题等。这里主要讲讲应用最广最多的主题、引题和副题这三种。

主题是标题的核心部分和精华，它用来揭示新闻中最新和最重要的事实、思想或感情。在复合结构的标题中，主题的字号最大，居于最显著的地位。主题一般为一行，有时也用两行甚至三行。主题要做到一目了然，独立成句。

引题又称为肩题或眉题，放在主题的前面，其字号一般小于主题、大于副题。引题是主题的"先行官"，将新闻中的一个侧面作为前导引出主题，同时有辅助阐明主题思想的作用，常用于交代背景、说明原因、烘托气氛、总结成果、揭示意义等。引题通常为一行，也偶有多到三四行的提要式引题。

副题又称子题，放在主题的后面，有人称之为主题的"后勤部队"，常用来补充交代新闻的次重要事实，说明主题的根据、结果和重要的新闻因素，起注释、补充、印证主题的作用。在复合结构的标题中，它与引题的分工一般是：引题主虚，副题主实。由于是实题，副题字数比主题和引题都要多，字号较小，根据需要可以做成多行副题。

## 第四节　新闻标题的特点

新闻标题具有与其他文学作品标题不同的特点，即必须以新闻事实为凭据，体现真实性要求，以及为传播意旨服务等主要特点。在新闻体裁内部，各种新闻体裁标题具有一定的共性及各自的个性。

### 各种新闻体裁标题的共同特点

1. 以新闻作品的内容为命题依据，是新闻作品的有机组成部分；

2．揭示和评析作品内容，对作品起能动作用；

3．文字简洁准确，鲜明生动，编排醒目，引人注意。

## 消息标题与通讯标题的不同特点

　　消息的标题侧重报告新闻事实，回答正在发生着什么事，即"是什么"，通常是实题，偏于动态。读者仅仅读标题就可以大致了解新闻最重要、最新鲜的内容。而通讯的标题重在说理、抒情，通常是以虚题为主，即使报告新闻事实，也往往着重表现新闻事件的性质、状态和特点，偏于静态。

　　在写法方面，消息的标题一般比较具体、确定，交代重要的新闻要素，如果主题抒情、说理，一般则采用辅题，补充交代必要的新闻要素。而通讯的标题则比较含蓄，不一定交代重要的新闻要素。

　　在标题的句型方面，单一结构的消息标题通常采用主谓句，复合结构的消息标题的主题也多主谓句。而通讯的标题虽然有时也采用主谓句，但更经常采用的是短语句型或无主语句型。

　　在标题结构方面，消息的标题采用复合结构的较多。而通讯的标题采用单一结构的较多。

## 第五节　新闻标题常用的修辞手法

将多种修辞手法运用于新闻标题的制作，是提高新闻标题质量，让新闻之眼更加精彩传神、引人注目的重要手段。下列23种修辞手法，运用巧妙都能达到这样的效果。

### 比喻

比喻就是打比方。打比方是新闻标题形象化、具体化、浅显化的重要手段之一。它可以变抽象为具体，改平淡为生动，化艰深为浅显，能引起人们的联想，拓展信息的含量、意蕴，增强标题的感染力和说服力。

如：《私盐，如瘟疫袭来》（《中国经营报》）

《请南郭先生"让位"（主题）大定堡乡辞退13名不合格教师（副题）》（《锦州日报》）

## 比拟

比拟即根据表达的需要，故意把物当作人、人当作物，或把甲物当作乙物。这种"人物交融"的修辞方式，可以使标题语言形象生动，别致有趣，富有联想性和感染力。

如：《一窝"油老鼠"落网（主题）刘泽云等盗卖套购石油案即将起诉（副题）》（《新华日报》）

《见肉吃肉见酒喝酒　个个"狮子大张口"（主题）四明村干部上任一年多吃喝万余元（副题）》（《开封日报》）

## 借代

借代是不直接说出所要表达的人或事物，而借用与它密切相关的人或事物名称来代替它。这种修辞方式能使标题趋于具体实在、简练含蓄、幽默含情、形象生动。

如：《"小骆驼"跨进大上海》（《新华日报》）

## 映衬

映衬又叫衬托，即把两种相反相斥或互相呼应的事物摆在一起叙述，对照衬托，相得益彰。

如：《烂钵头变成聚宝盆》

《政策上山　百宝下山》

《宁愿一人脏　换来万人净》

## 摹拟

摹拟是对事物的形态、声音、色彩加以准确生动的描摹，以求真实地表现事物的特点，渲染气氛，使人如闻其声、如见其形、如临其境。

如：《轰隆隆一声　孤零零一块（肩题）合抱巨冰从天降》（主题）（《文汇报》）

《人面不知何处去　夜半大门八字开》（《文汇报》）

## 对偶

对偶是把字数相等、结构相同、意义相关的两个句子对称地排列在一起，来表达相似、相关或相对、相反的意思。

国内不少获奖新闻作品中，标题有不少是运用对偶的修辞手法制作的。

如：《榜上无名　脚下有路》

《一副担子下乡　两箩鲜蛋回店》

## 排比

　　排比是把三个及三个以上结构相似、语气一致、内容相关的平行词组或句子并列地排在一起，以达到集中说理、尽情状物、充分抒情的表达效果。

　　如：《党以重教为先　政以兴教为本　民以支教为荣》

　　《串百家门　知百家事　解百家难》

　　《春有花　夏有荫　秋有果　冬有青》

## 顶真

　　顶真也称联珠，这种修辞手法是在标题中把上句末尾的词语作为后句的起首，使语句递接紧凑、生动畅达、饶有风趣。

　　如：《英雄金笔　笔中英雄》（《文汇报》）

　　《田中深情赠樱花　樱花开时忆总理》（《文汇报》）

　　《人有岗　岗有责　责有额　额连利》（《天津日报》）

## 回环

　　回环也称回文，即是把词序颠倒重复，以形成回环往复的表达情趣，别开生面，常常令人叫绝。

如：《马歇尔歇马　华莱士来华》

《新农合　合农心》（2007年10月27日《贵州日报》）

《组织没事干的人　去干没人干的事》

《为读者找好书　为好书找读者》

## 复叠

复叠是把一个字或词反复使用，起到突出内容、加强语气、表达生动、引人关注的作用。

如：《并非一流制备　创出一流水平》（《工人日报》）

《宁穷政府　不穷教育》

《"紧日子"不过成"苦日子"》（《军工报》）

## 设问

设问即制作标题时，故意先提出问题，再由自己作答；或只问不答，给人以悬念，引人入文。

如：《企业"内功"的潜力有多大？（引题）石家庄化肥厂一年减支近四千万元（主题）》（《人民日报》）（单向设问）

《成本几多售价几多实重几多毛利几多（引题）酒楼物价：神仙数？（主题）》（《羊城晚报》）（多向设问）

《淮海路有一片被忘却的黄金地（主题）在哪儿？淮海电

影院对面；面积多大？7000平方米；被搁置多少时间？整整26年。（副题）》（《新民晚报》）（连续设问）

《日本小姑娘，你在哪里？》（新华社）

《线材暴涨，悲耶？喜乎？》（《中国物资报》）

## 对照

对照也称对比，即是把两种相反、相对的事物或一事物相反、相对的两个方面放在一起，加以叙述，从而在正与反、好与坏、善与恶、美与丑的对比揭示中，产生对照鲜明的宣传效果。

如：《石家饭店——冷若冰霜　鱼味酒家——热情待客》（《人民日报》）

《工程师三代破屋两间　副局长一家新房四套》（《经济日报》）（也为对偶）

《三门峡工程大功告成（引题）滚滚黄河水乖乖东流（主题）》（《人民日报》）

## 反复

反复即有意地让同一成分在同一语言单位里多次出现的修辞方式，以达到强调事理、增添文采、增强表达效果的目的。

如：《跑！跑！跑！（主题）东北华北敌军官兵纷纷跑到解放区来（副题）》（《人民日报》）

《水，水，水！（主题）鼠场"滴水贵如油"，群众切盼泉水叮咚（副题）》（《贵州日报》）

## 倒装

倒装是运用词序错位的手法，让标题中最主要、最新鲜、最有吸引力的字词成为读者的"第一落眼点"，以达到印象深刻的效果。

如：《暴利！不能放任》（《人民日报》）

《辛苦了，"张半夜"师傅》（《辽宁日报》）

《住手！欺行霸市之徒》（《长春商报》）

## 双关

双关即巧妙地让一个词语或一句话具有双重意思，一重是字面的，另一重是暗含的，暗含的意思才是作者的主要真实意图，从而使读者感到余味无穷。

如：《一路春风》（《光明日报》）

《冷同志热心肠》（《南京日报》）

《"马"到成功》（《羊城晚报》）

《着了"魔"的教授》（《人民日报》）

## 反语

反语就是讲反话，用与本意相反的词语来表达本意，常用于讽刺和揭露这一类标题上。

如：《白卷"英雄"张铁生》（《人民日报》）

《中国大闸蟹"横行"曼谷酒楼》（《经济参考报》）

《八宝粥中多一"宝"　竟是尖锐的玻璃碴》（《今晚报》）

《社会主义的"守财奴"（主题）记洛阳市化肥厂副厂长王复新的事迹（副题）》（《人民日报》）

## 飞白

飞白即故意把一个常用词语或一句极普通的话用错或说错，将错就错地达到某种特殊的修辞效果。

如：《羊毛出在牛在身上》（《人民日报》）

《"会翁"之意不在会，在乎山水之间也（引题）青岛会议知多少　请看会议一览表（主题）》（《光明日报》）

《"官"念太强亟须淡化》（《报刊文摘》）

《大有"钱"途的人造食品》（《深圳商报》）

## 仿似

仿似即模仿或利用人们熟知的名言名句或某种既有的语法形式，更换其中的某个词或语素，造出别有新意的语句。

如：《重赏之下必有懦夫》（《中国青年报》）

《久病床前有孝子》（《长春日报》）

《食不厌"黑"》（《陕西日报》）

《企业与科技"两个巴掌拍响了"》（《文汇报》）

## 顾名

顾名即由某一事物的名字联想与之相关的事物的动作、行为或性质、状态，使之"顾其名而见其义"的修辞方式，可使标题句法新颖、别开生面。

如：《高峰等待"高峰"》（《北京青年报》）

《丁松不轻松》（《深圳特区报》）

《张鸣鸣一鸣惊人》（《北京青年报》）

《无为保姆真有为》（《光明日报》）

《平除岩山千年愁（主题）罗甸县"平岩新风"纪实　（副题）》（《贵州日报》）

## 警句

警句又叫精警或警策，它是用简练而出奇的语言，来表达确切而深刻的含义，富有哲理，引人思索、耐人寻味，经久难忘。

如：《人生能有几次搏》（《体育报》）

《求知何愁鬓已秋》（《解放军报》）

## 呼告

呼告即撇开读者，直接向新闻中的人或物呼名说话，以诉说思想，抒发感情，加强表达的感染力。

如：《护士同志们，人民感谢你们！》（《人民日报》）

《醒来吧！沉睡千年的油田》（《人民日报》）

《青年人，多读点书》（《深圳特区报》）

## 异语

异语是利用非汉语普通话词语或非本领域的某些专用词来概事达意，具有鲜明简练的特点，能增强标题的情趣。

如：《通信卫星"亚克西"》（《湖北日报》）

《雨季造林ABC》（《人民日报》）

《喜闻领导"跑龙套"》（《河北日报》）

《一场"自由恋爱"活了两家企业》（《文汇报》）

《陈天生效应》（《中国青年报》）

《江苏工农业总产值"三连冠"》（《解放日报》）

《多打几个"短平快"》（《人民日报》）

《热心于"甜蜜的事业"》（《解放军报》）

《专业人才不再"一江春水向东流"》（《人民日报》）

《冲击"围城"》（《市场报》）

## 节缩

节缩即用简化称谓、缩合联语的方式，让标题的语言文字节短紧缩，做到简短、醒目、整齐。

如：《三个沿海"三角"地带辟为经济开发区》（《解放日报》）

还有如"青运会"、"世博会"、"五讲四美"、港澳台、苏锡常、亚非拉等紧缩称谓。

## 第六节　新闻标题的禁忌

制作新闻标题是画龙点睛的艺术，是一门不小的学问。它需要制作者有一定的理论政策水平，要掌握文字表达的技巧和了解制作标题的规律，知识面要广，思维要敏捷，还要有激情，才能制作出好标题。

标题的规律涉及五项基本原则，即准确性、生动性、新鲜性、接近性、趣味性等，非三言两语能够说清道明。而标题制作的艺术技巧，牵涉的内容更多，诸如落笔实在、言之有物，概括精当、凝练精警，简单明快、一目了然，长于表现、务去粉饰，反义对仗、互为映衬，以及善用古句、活用成语、妙用口语、巧用数字、借用符号等，细细道来，更要花费不少的时间。而真正要在实践中有所感悟，进而应用自如，则需要经过一定的历练，不能一蹴而就，也绝非一日之功。

讲新闻标题制作的要求，可以有两种讲法，一是讲要怎么做，二是讲不能怎么做。两相比较，用有限的时间讲讲新闻标题制作的禁忌，对于大家可能更实用。毕竟知道不能怎么做，比要去达到这样那样的标准，甚至成为一个制作标题的高手要相对简单一些。

制作新闻标题的主要禁忌是：

## 忌失准

标题是对新闻内容的概括表述，概括要以新闻事实为依据，表述要恰如其分，题文要一致。这是新闻命题最首要的要求。如果标题不准确，或者题文不符，不论标题制作得多么高超独到，也只能是失败的标题。

准确包括两个方面的意思，一是事实要准确，即标题论断要在新闻中找到充分的事实依据。文中说是"两个"，标题上就只能是"一双"；文中说是"增加到"，标题就不能说成"增加了"。二是政治上要准确，即基本思想倾向要符合党的方针、政策和基本路线；表述内容要清楚，不能产生歧义，也不能因简化而有损原意。

如1986年2月20日，某报刊登上海枪决强奸流氓犯陈小蒙、胡晓阳的消息时，制作主题为《王子犯法与庶民同罪》。此题受到中央领导批评。问题就出在将高干子弟称为"王子"的偏误上。

再看下列例子：

例1：《南京部队后勤物资部抓机关转变作风（引题）一百零二件事当天办完（主题）》

新闻事实是南京部队后勤物资部当天决定，要将一百零二件拖延未办的事认真办完。此主标题如此说法，完全与新闻事实不符。

例2：《中国主张全面禁止彻底销毁核武器》

该标题在"禁止"二字后面遗漏了一个"和"字，致使标题要表达的意思走向了反面。

例3：《"嫦娥一号"残骸由我省运往北京》

该标题在"残骸"二字前面遗漏了"导弹"二字，也造成了严重的新闻事实误差。

## ◤ 忌失真 ☁

"新闻第一，标题第二。"标题必须源于新闻事实，忠实于新闻事实。制作标题既要刻意求新，更要严格求实，不能与新闻事实不符，更不能虚构事实、言过其实、歪曲事实，或妄加渲染，随意拔高。标题失真常常源于虚夸、歪曲、渲染、拔高等。

**虚夸例**。《某某乡大胆使用退伍军人》，退伍军人的使用不存在大胆不大胆的问题，如此制作标题，显然有虚夸之嫌。另外，虚夸在标题中还表现为"大"字满天飞，动辄标以"大思路""大举措""大发展""大动作"等等。

**歪曲例**。《八一厂编剧人员谈"情"说"爱"》，其实是制片厂座谈艺术作品如何表现爱情问题；《解晓东签订"卖身契"》，将演出合同歪曲为"卖身契"，当然不妥。

**渲染例。**《郑州小姐上市》，实为厂商聘当地姑娘做公关小姐，说成"小姐上市"，明显歪曲了事实，让人产生误解。

**拔高例。**《无法复制的新农村建设模式——罗甸县板庚村唱响"三叠纪大贵州滩"乡村旅游与建设新农村完美结合纪实》，标题将经验模式拔高到"无法复制"的地步，经验模式便失去了学习借鉴的价值。此题经编辑修改为《为农业区域"变脸"探路——罗甸县板庚村新农村建设扫描》。

## 忌贫乏

"请君莫奏前朝曲，听唱翻新杨柳枝。"

新闻新闻，没有新鲜的事实，没有新颖的手法，也就不能成为新闻。作为新闻头脸、报纸眼睛的标题，更应该突出体现新闻喜新厌旧、推陈出新的特性，更应该在创新上下功夫。

平淡乏味、陈旧老套、缺乏新意的标题必然缺少吸引力，进而影响新闻的阅读率和感染力，使新闻陷入无人问津的悲哀。

新闻标题忌贫乏，首要就是尽可能标出新闻，尽可能让新闻信息在标题中显现。

例1：《中共北京市委召开常委扩大会》（1979年11月）

例2：《中共北京市委宣布——天安门事件完全是革命

行动》

例1是一个老套的会议消息标题，并没有新意。例2则是《人民日报》转发新华社电稿时所列的标题，显然是标出了人们关心的新闻信息，报道意义非同一般。

避免新闻标题贫乏，还要以"惟陈言之务去"的创新观念，克服思维惯性，善用修辞手法，敢于推陈出新。

请看下列例子：

例1：《法国一登山运动员珠峰失足被我藏民救出》

例2：《珠峰失足，险矣！堕入我境，幸哉！（主题）法一登山运动员被我藏民救出（副题）》（《解放日报》）

例3：《某副局长受贿被捕》

例4：《又一只"老虎"锒铛入狱》

再看下列例子：

例5：《著名作曲家艺术家王洛宾病逝》

例6：《"西部歌王"王洛宾病逝》

例7：《"西部歌王"走向"那遥远的地方"（引题）王洛宾在乌鲁木齐病逝（主题）》

以上数例，显然都是后者优于前者。

标题贫乏的主要原因是顺惯性、随大流，是作者、编者的懒汉思想或习惯使然，这是似曾相识甚至不断重复的标题生生不息的缘由。

## 忌冗繁

新闻标题切忌冗长繁琐。长标题容易让读者产生疲劳，望而生畏。制作标题时应尽量压缩和概括标题的内容，直书其义，宁短勿长。

比如：《违法乱纪　手段恶劣（引题）泰兴食品厂领导为坐洋车竟搞假赠车真走私（主题）》（19字）；

修改为：《假赠车　真走私　该受罚（主题）泰兴食品厂非法进口汽车被查处（副题）》（9字）。

## 忌说教

标题甚至可以渗透作者或编辑的观点、立场和倾向，但这些观点和倾向不应在标题中直接进行告诫和说教。

制作新闻标题的接近性原则除了要求标题要标出与受众接近的、为受众所关心的新闻事实，还要求新闻标题的制作要讲究平易性，体现亲和力。耳提面命的说教式标题不仅令人生厌，而且效果也可能适得其反。

反面例1：《青年男女应该进行婚前检查》

正面例1：《青年男女注意到没有？——婚前检查有五大好处》

反面例2：《要严厉打击"关系牌"香烟》

正面例2：《同志，请警惕"关系牌"香烟的污染》

反面例3：《旧城改造搞"一刀切"必须住手》

正面例3：《留神一刀切出千古恨》

反面例4：《开快车出事是自讨苦吃》

正面例4：《司机同志　请你慢些走》

唐代文学家司空图在论诗时说："梅止于酸，盐止于咸，饮食不可无盐梅，而其美常在咸酸之外。"这是标题的取义应当借鉴的原则。

## 第七节　标题修改的实例与启发意义

在长期的新闻编辑工作实践中，笔者曾修改过大量的标题，其中一些实例具有典型性及启发意义。

**导向性例子1：**

原标题：《群众怎么说　我们怎么干》

修改见报题：《迈开步子走访　甩开膀子帮忙》

群众的观点不一定都对，绝对化地群众怎么说、干部就怎么干，在导向上存在问题。而"迈开步子走访，甩开膀子帮忙"这句话，是新闻事实中提到的群众对干部的评价语言，将其用来作为新闻标题，既纠正了原题的导向问题，又显得押韵、生动、贴切。

**导向性例子2：**

原标题：《计生委"收买"公安局征社会抚养费》

修改见报题：《计生"社会抚养费"亟待明白账》

将公安局征社会抚养费，说成是计生委"收买"的结果，"收买"二字虽然加了引号，也不能改变原标题存在的导向性偏差。修改标题所取的文字含义，也是该新闻事实中存在的语言，故不仅做到取义正确，也做到了有事实依据。

**真实性例子1：**

原标题：《莫拿停车费与违停罚款夹击民生》

修改见报题：《莫拿高额停车费与违停罚款夹击民生》

原标题中漏了"高额"二字，与新闻事实不符，导致标题的真实性误差。

**真实性例子2：**

原标题：《三穗完成工业增加值35亿元》

修改见报题：《三穗完成工业增加值3.5亿元》

文内报道及核实数据均为35 080万元，所以将其作了符合新闻真实性的订正。

**真实性例子3：**

原标题：《人人都是"品酒大师"》

修改见报题：《人人都是"品酒师"》

原标题中的一个"大"字，成为导致标题存在真实性问题的由来，说明新闻的真实性、准确性，就是体现在每一个字义的表达上，常常是多一个字少一个字都不行。

**其他类例子1：**

原标题：《"艺体"教育盘活办学特色》

修改见报题：《"艺体"教育盘活办学一盘棋》

原题文词搭配不当，盘活特色不如说盘活办学一盘棋。

**其他类例子2：**

原标题：《质疑黄海波案处罚拷问"收容教育"合法性》

修改见报题：《黄海波案处罚拷问"收容教育"合法性》

原标题多了"质疑"二字，致使题意走向了新闻事实的反面，所以"质疑"二字必须删除。

**其他类例子3：**

原标题：《草海湖畔荷花开》

修改见报题：《草海湖里菜花香》

此报道说的是威宁草海镇前进村在草海里种植水生蔬菜致富的事，他们不仅种莲藕，还种茭白、慈姑等，所以虽是"荷花"变"菜花"的一字之改，却做到了新闻的更加全面、真实和准确。

# 第九章——

# 新闻舆论工作的"两大价值"

宣传价值和新闻价值是新闻舆论工作的两大实现目标，两者既有所区别，又相互贯通。新闻价值中包含着宣传价值因素，宣传价值的实现也离不开新闻价值的支撑。

在新兴媒体融合发展的当下，强化对新闻舆论工作"两大价值"的认识，通过具体的融媒体报道案例加深媒体人对相关问题的理性思考，提高实际操作水平，意义重要而深远。

何为新闻宣传价值？

新闻宣传价值，即新闻事实本身所包含的有利于传播者，并且能够体现传播者的主观意图（思想、观点、主张）的素质。新闻宣传价值是新闻选择的重要标准，包括与媒介所持政治主张和价值标准的一致性、典型性、普遍性、针对性、时宜性这五个因素，合称宣传"五性"。

宣传价值常常体现在新闻的政治导向意义和社会价值意义上面，是国内新闻评奖的主要标准。

对新闻舆论工作的宣传价值的认识理解要着重注意以下两点：

1. 新闻舆论工作的导向问题；

2. 新闻舆论工作的"四个有利于"。

习近平总书记强调："新闻舆论工作各个方面、各个环节都要坚持正确舆论导向。各级党报党刊、电台电视台要讲导向，都市类报刊、新媒体也要讲导向；新闻报道要讲导向，副刊、专题节目、广告宣传也要讲导向；时政新闻要讲导向，娱乐类、社会类新闻也要讲导向；国内新闻报道要讲导向，国际新闻报道也要讲导向。"

衡量舆论导向是否正确的主要标准是"四个有利于"，即坚持正确舆论导向，就要做到所有工作都有利于坚持党的领导和中国特色社会主义制度，有利于推动改革发展，有利于增进全国各族人民团结，有利于维护社会和谐稳定。

何为新闻价值？

新闻价值是指事实所具有的新闻信息量及其对受众、对社会利害关系涉及的程度。这一定义告诉新闻媒体人：新闻价值存在于事实之中，所以要尊重事实，注意研究事实；新闻价值存在于事实与受众的关系之中，所以要尊重受众，了解受众的需求，用受众喜闻乐见的方式传播新闻。

新闻的七大价值要素包含：新鲜性、接近性、重要性、指导性、显著性、实用性、趣味性。

对新闻舆论工作的新闻价值的认识理解要着重注意以下两点：

1. 新闻舆论工作的两个"四力"问题；

2. 新闻舆论工作的"时度效"问题。

习近平总书记关于不断增强脚力、眼力、脑力、笔力，以及切实提高党的新闻舆论传播力、引导力、影响力、公信力的要求，与总书记提出党的新闻舆论工作要"从时度效着力，体现时度效要求"和要实现新闻传播效果的最大化和最优化有着紧密的内在联系和因果效应。在两个"四力"中，增强脚力、眼力、脑力、笔力是手段，提高党的新闻舆论传播力、引导力、影响力、公信力是要实现的目的。对新闻舆论工作的新闻价值的认识理解要着重注意两个"四力"问题和"时度效"问题，是因为这两个问题集中体现了习近平总书记重视新闻舆论传导效果的一贯思想。媒体人只有深刻理解总书记的这个思想，才能使自己对新闻价值重要性的认识达到应有的高度。

## 第二节　"两大价值"在融媒体报道中的体现

　　2019年1月25日，中共中央政治局就全媒体时代和媒体融合发展举行第十二次集体学习时，习近平总书记发表重要讲话。他强调，推动媒体融合发展、建设全媒体成为我们面临的一项紧迫课题。要运用信息革命成果，推动媒体融合向纵深发展，做大做强主流舆论，巩固全党全国人民团结奋斗的共同思想基础，为实现"两个一百年"奋斗目标、实现中华民族伟大复兴的中国梦提供强大精神力量和舆论支持。并指出，要坚持移动优先策略，让主流媒体借助移动传播，牢牢占据舆论引导、思想引领、文化传承、服务人民的传播制高点。要探索将人工智能运用在新闻采集、生产、分发、接收、反馈中，全面提高舆论引导能力。主流媒体要及时提供更多真实客观、观点鲜明的信息内容，掌握舆论场主动权和主导权。

　　习近平总书记的讲话是对新闻舆论工作"两大价值"的又一次深刻阐述，是具有新时代特点的强调，成为党的新闻舆论工作在全媒体时代和媒体融合发展中的重要指导与根本遵循。

中国互联网络信息中心2019年初发布了第43次《中国互联网络发展状况统计报告》。《报告》显示，截至2018年12月，我国网民规模8.29亿，手机网民规模8.17亿。《报告》还显示，短视频用户规模达6.48亿，用户使用率为78.7%，短视频已成为手机网民绝对的"宠爱"。

在如此情势之下，以音视频为主导的新媒体产品，尤其是短视频的生产运行呈现强劲势头，不少主流媒体在这方面努力作为，将新闻舆论工作"两大价值"的融合程度和实现程度不断往前推进。

为庆祝改革开放40周年，从2018年8月开始，由江西省宜春市委宣传部主管、宜春日报社主办的"宜春发布"微信公众号推出系列专题报道《致敬追梦人——庆祝改革开放40年》。该报道以《宜春日报》刊发长篇通讯+二维码、"宜春发布"微信公众号推送图文+短视频的方式同步进行，达到了纸屏共读"视"点睛的效果，受到读者热捧。

2019年春，新华社推出微视频《自习课|媒体融合发展，习近平总书记这样说》。有评价指出，相比较互联网中许多酷炫的短视频，《自习课|媒体融合发展，习近平总书记这样说》微视频虽然设计简单，但逻辑清晰，将理论指导与具体实践的图片、视频巧妙结合，再配以轻松愉快的音乐，在短短的2分钟左右，将媒体融合的大题目深入浅出地进行讲解，如同自动播放的PPT文件一样，简约明了，干货满满。

例如，以习近平总书记在中共中央政治局第十二次集体学习中强调的"要坚持移动优先策略"的要求为提要，以"记者在人民大会堂拍摄全景视频""观众通过VR技术体验全景视频""虚拟演播室""新华社推出的全球首个'AI合成主播'"等科技融合媒体的具体案例为展示，使受众可以直观感受到媒介融合的变化，也收到宣传价值和新闻价值"双丰收"的传导效果。

2020年11月23日，贵州宣布最后9个贫困县脱贫摘帽，标志着贵州66个贫困县全部脱贫。在这重要的历史时刻，贵州日报报刊社、贵州日报当代融媒体集团在前期充分筹划的情况下快速出击，推出了以"聚焦乡镇脱贫攻坚，展望贵州美好未来"为主题的"乡镇巡礼'飞越山乡看巨变'大型系列直播活动"。这一直播活动，将宣传价值与新闻价值融为一体，具有"顶天立地"的显著特点，与习近平总书记2019年1月25日关于全媒体时代和媒体融合发展的讲话精神高度吻合。

落实习近平总书记关于党的新闻舆论工作职责使命的"48字"要求，以及"1·25"讲话精神，一条十分重要的实现路径，就是要"接通天地线"，做到"顶天立地"。因为只有"接通天地线"，做到"顶天立地"，才能达到党心与民意的完美结合，实现宣传价值与新闻价值的高度统一。

说新闻价值中包含着宣传价值因素，宣传价值的实现也离不开新闻价值的支撑扶助。然而在融媒体报道中，要实现新闻舆论工作"两大价值"的高度统一与完美结合，并不是一件轻而易举的事情。譬如，在融媒体报道中过多移植传统宣导的工作化、文件味手法，虽然本意在强化宣传价值，而实际产生的却是弱化甚至有损宣传价值的效果。再者，不适当地运用融媒体报道中的互动性特点及娱乐性色调，或其他怪异想法的加入等等，虽然本意在突出新闻价值，而实际产生的却是冲击宣传价值并有损新闻价值的效果。在此，可以通过对"乡镇巡礼'飞越山乡看巨变'大型系列直播活动"的剖析，来获取据实的感受。

## 第三节 "乡镇巡礼'飞越山乡看巨变'大型系列直播活动"的例证意义

"乡镇巡礼'飞越山乡看巨变'大型系列直播活动"，在"接通天地线"的新闻作为上，可谓"天空高、地气足"。天空高即宣传价值之体现；地气足即新闻价值之体现。

所谓"天空高"，一是政治站位高。"乡镇巡礼'飞越山乡看巨变'大型系列直播活动"，是居于增强"四个意识"、坚定"四个自信"、做到"两个维护"立场站位上的新闻创意产品。直播展示的是党的十八大以来的山乡巨变，其政治站位之高显而易见。二是策划立意高。它在"决战脱贫攻坚，决胜全面小康"之年及"十三五"规划的"收官年"行将结束之际推出，是重大成就性报道的一大亮点，意义非同一般。三是产品价值高。它将聚焦点定在"山乡巨变"上，而且聚焦的贵州20个极贫乡镇，都是"双决"战役中最难啃的硬骨头，这些地方的巨变最具新闻性、最有说服力，宣传价值突出。

所谓"地气足"，一是观照落点低。活动确定乡镇为聚焦点，这本身就是一个接地气的落点。二是现场景观实。传统纸媒往往要通过文字写出现场感来体现报道的接地气，而此直播活动，不论是人工摄录、无人机航拍，还是短片资料播放等，都将现场和盘托出、尽收眼底，地气自然寓于其中。三是草根味道浓。活动报道属新媒体样式，不仅在网络电视上播出，还通过微博、手机报等加以传播，显示了互动式、服务式、体验式新闻信息服务特质，带上大众化、互动性等新媒体草根属性。该报道通过主持人的主持风格以及与被访者的交流互动等，形成了较浓的"草根味"，也收到较好的接地气效果，由此凸显了"接通天地线，服务收官年"的担当与作为。

保基乡、河镇乡、三宝乡等直播纪实作品，特别是"河镇乡直播纪实"，除具有前述总体评析中提到的共性长处之外，在内容择定、结构层次，以及主持人表现和场景呈现质量等方面，也有不少值得肯定之处。

从更加有利于改进工作的角度考量，拟就看到的不足，以及一些关联性的思考，提出以下几点意见建议。

# 内容为王问题

做好"内容为王"，就要落实好"守正创新"。"守正创新"的理解把握主要有以下三点：

1.守正与创新并重；

2.创新在守正的前提下展开；

3.守正的意旨通过创新实现效果的最大化和最优化。

具体到保基乡、河镇乡、三宝乡直播纪实这三件作品，做好"内容为王"，即实现内容传导效果的最大化和最优化，主要有两个着力点：一个是内容要很好服务于"顶天立地"的报道特色；另一个是报道内容要与"山乡巨变"的报道主题密切相关、高度吻合。"山乡巨变"通过对比来呈现，所谓"有比较才有鉴别""因比较而存在"。这里面就可以运用"三大对比"：即新旧场景对比、大小数字对比、悲喜情绪对比。

直播活动涉及的20个贵州极贫乡镇，如若报道中只有新面貌、没有旧状况，只有现实场景、没有过往场景，那么，所谓"巨变"便无从谈起，报道的传播力、揭示力、影响力和说服力都将受到影响。

传统纸媒的"内容为王"主要通过文字语言来实现，新媒体的数字化作品则主要通过音视频的画面语言来体现"内容为王"。因此，新媒体作品的视频画面如何制作、选定，用什么样的画面语言（包括解说词语）为报道主题提供有力支撑，如何用精巧的组合排列及切换手法来提高直播活动的传导力、影响力、吸引力和感染力等等，就成为业务工作环节不可回避，且必须解决好的问题。

"保基乡直播纪实"中几乎完全没有该乡巨变之前的情景画面或言词性介绍，这就大大减弱了"因比较而存在"的舆论说服力量。而"河镇乡直播纪实"在对比性内容的展示上则明显好于"保基乡直播纪实"。首先，河镇乡的直播选择"海雀村复原区"作为背景画面展开报道，似乎已经体现了以对比手法反映"山乡巨变"的意图。而在后面的纪实报道中，直播画面又不止一次地出现昔日乡村群众居住的茅草屋、杈杈房等破败不堪、触目惊心的景象，加上资料短片中新旧场景的鲜明对比，以及海雀村支书文正友的口头介绍，则进一步增强了报道的今昔对比度，凸显了脱贫攻坚带来山乡巨变的报道主旨。该直播纪实的8个结构内容，依次为采访河镇乡乡长文瑜、海雀村支书文正友，介绍海雀村党性教育基地、海雀村村居经营、乡食用菌产业、乡扶贫产业园、海雀村网红带货直播间，都较好体现了"山乡巨变"的报道主题。

三相对比，"河镇乡直播纪实"称得上是"飞越山乡看巨变"的主旨报道；"保基乡直播纪实"片头及前17分钟内容，片尾呈现乡长解华的"康养之乡、生态保基欢迎您"等，则更像是一部"乡村旅游的推介片"，偏离整个"直播纪实"的报道主题；而"三宝乡直播纪实"则介于两者之间。

做好"内容为王"有多条路径、多种手法，其中极为重要的一条，就是看内容服务于主题究竟做得怎么样。内容与主题分离，或内容与主题的吻合度、紧密度不够，是"内容为王"之大忌。

## 主持人问题

该直播活动涉及总监制、总策划、总统筹、策划、统筹、总导演、执行导演、文字统筹、直播记者、外联采访、视效包装、美术设计、导播13类人物，要想出新闻精品佳作，在"内容为王"上追求更好，就必须"九牛爬坡"、共同努力。而直播主持人作为集执行导演、直播记者、外联采访等多种身份于一身的人物，具有极为重要的地位和作用。作为直播的核心人物，主持人不仅是作品穿针引线的关键人物，更是作品成败的要害人物，前期策划的兑现，后期完善的基础，可以说均主要系于主持人一身。

笔者曾在对天眼新闻这一直播项目的阅评中，专就三宝乡直播纪实写了《好主持人要怎样炼成》的阅评文章，提出"四个善"的观点，即善当导演、善做功课、善于表达、善于应变。将好主持人要善当导演放在"四个善"的首位来谈论，就是要突出强调主持人在视频直播作品制作中的"压阵地位"和"灵魂作用"。

主持人的"压阵地位"和"灵魂作用"如何发挥？关键在于用好媒体人"四力"中的脑力，下好"三个功夫"，即熟悉剧本、做好功课、过好电影的功夫。

**1. 熟悉剧本**。就是让报道意图、策划主旨深谙于心。其中有两个层面的含义：

一是此大型系列直播活动是贵州省"双决"收官之年重大主题报道的重要组成部分，可以放到增强"四个意识"、坚定"四个自信"、做到"两个维护"的政治高度来认识和把握。贵州啃下了脱贫攻坚最难啃的硬骨头，就是对增强"四个意识"、坚定"四个自信"、做到"两个维护"的最好诠释。通过"山乡巨变"映射"千年之变"的惊世业绩，具有重大现实意义和深远历史意义。

二是这样的大型系列直播活动剧本，应该作为新闻精品佳作来打造。这是报道意图、策划主旨的题中之义。参与此活动的主持人，心里应该有这个"谱"，而且必须有这个"谱"。

**2. 做好功课**。就是要做好"内容为王"的功课：如何让"山乡巨变"映射"千年之变"，展示"贵州战法"的惊世业绩，实现对"四个意识""四个自信""两个维护"的生动诠释，应该是功课的要件和思谋的要点。核心问题是如何把"宣传价值"做到极致。

做好这样的功课，对于主持人做到取材精细、提问精准、解说精致、议论精到都至关重要。

**3. 过好电影**。主持人的"过电影"如同纸媒人的"打腹稿"。"打腹稿"通常要思考标题，而后以题立意、以意行文，环环相扣，终成正品。

主持人"过电影"，就是要将熟悉剧本、做好功课环节达成的脑力成果，用以指导和细化档期制作，而且在制作完成前，头脑里就已对作品质量效果有一个提前预判，就像电影导演在脑子里将一帧一帧的电影画面过上一遍，做到心中有数那样。电影导演叫停、纠正演员的表演，这与视频直播有很大的不同。电影、电视剧可以重复制作，而后选最好的镜头作为成品展现，但新闻的视频直播不允许这样做。这实际是对直播主持人熟悉剧本、做好功课、过好电影的功夫提出了更高的要求。某新媒体的《金海雪山赏最美的花，遇最美的你》直播节目中，出现主持人用手势比划，让摄录记者转换拍摄角度的画面，既是直播作品的明显败笔，也成为视频直播工作中的一个教训例子。

"四个善"中的后"二善"，即"善于表达""善于应变"，涉及直播主持人的语音标准、语气流畅、神态自然、举止大方、应对自如等重要技能，不可缺失。这里要注意语气神态的亲切平和，看着镜头说话的必要性。但是前"二善"中的"善当导演""善做功课"，却更加关系重大，不可失察、失能。

贵州广播电视台获中国新闻奖一等奖作品《我是188万分之一》，作为此电视新闻专题中居首作品"文家秀：爸妈，幸福生活就缺你们"的主持人，在其获奖感言中说："因为父母外出务工，过去在山里，她（文家秀）一个人要照顾两个弟弟妹妹，凌晨5点就要起身做家务，然后带着弟弟妹妹走很远的山路去上学，沉重的负担让她变得有些沉默内向。为了让她能够敞开心扉，在阿妹戚托小镇采访的最初两天，我们什么采访都没有做，而是陪着她和弟弟妹妹写作业、聊天、唱歌、逛超市，还给孩子们做了好几顿饭。渐渐地我们的距离在拉近，最后有一天文家秀拉着我的手，跑到了家旁边的小山坡上，教我跳起了彝族传统舞蹈——阿妹戚托舞，这一幕被摄像记者的镜头捕捉了下来，成了后来报道里的一个画面。那一天，文家秀在采访中说得特别动情，她说自己没有想到过有一天能够搬进城里，学校就在自己家附近，爸爸妈妈也要回来了，一家人可以在新房里团圆。"

此为主持人"善当导演""做好功课"的生动一例。

往深处说，主持人的"脑力"作用，其实还有一个潜质与内涵的问题。尤其是当主持人要主持一些高档次的节目，要与学者、专家进行对话时，对主持人的"脑力"作用就提出了更高的要求。譬如主持过央视《东方时空》《核心访谈》节目的水均益，主持央视《开讲啦》《典籍里的中国》节目的撒贝宁，主持东方卫视《这就是中国》节目的何婕等，他们的职业环境，常常要求他们在节目中的表现要十分接近学者、专家的水准。这属于对主持人的高境界要求，可以另当别论。

另外，主持人问题中还有一点也事关紧要，就是主持人的"出镜问题"。

视频直播作品不同于电视新闻专题，电视新闻专题可以采取主持人（或采访者）不出镜的手法，完全用视频画面所蕴含的新闻事实来说话；而视频直播作品需要主持人在直播活动中穿针引线、承前启后，这样的作用必须通过出镜来实现。直播作品中主持人的出镜，也有一个"时度效"的掌控问题。之所以要掌控"时度效"，核心理由就在"时度效"的"效"字上。

说到此，笔者想提出一个自问自答的话题：为什么纸媒的通讯作品不排斥议论抒情，却又强调不能多用滥用议论抒情呢？因为记者过多过滥的议论抒情，会产生先声夺人的劣效，冲击新闻用事实说话的基本规律，对传播"四力"产生不良影响，有碍于传播效果的最大化和最优化。直播活动中主持人出镜过多，对着镜头的话语表达过多，尤其是出现那些带有主观色彩的夸夸其谈，就如同纸媒作品的议论抒情过多一样，属于传播观念、手法、技巧上的不当之举，应当加以掌控。

三宝乡直播纪实全长36分57秒，然而对三宝街道党工委副书记和办事处主任的采访就占据12分钟，达全部视频的三分之一，使得内容摆布上明显偏重。这里存在两个主要问题：一是如同电影导演让某个演员的戏份太重，就造成"月明星稀"的不良效果；二是视频中主持人与被访者站在那里长时间说话，出镜时间长且画面呆板，被访者的讲述内容又颇多时政化、官样化意味，便影响了直播的可视度与吸引力。倒是该视频最后在完成对金门广场中央舞台表演者的采访后，主持人欣然应邀加入广场上的篝火舞行列，营造出欢乐祥和的场面气氛，整个直播活动放在这样的氛围中"收藤"，这种导演手法和出镜方式则值得大加赞赏。

因此，直播中主持人（包括被访者）出镜的时机，出镜的多寡尺度，出镜时的话语如何做到要言不烦、画龙点睛，达成出镜的"时度效"，如何做到"听音不见人"等等，也是实操中需要认真对待、出色完成的课题。

保基乡和河镇乡直播纪实这两件作品，在主持人和被访者出镜时，都较多地采用了"边走边聊"的场景画面，避免了站着不动、死对镜头的呆板与寡味。"边走边聊"的画面也强化了现场直播的真实感，这也是值得肯定的。但是关于出镜的"时度效"问题，也存在提升改进的空间。

## 其他技术性问题

### （一）关于提问

总体而言，三件作品中主持人提问的自然程度、词语使用、语气掌握，以及一些提问的针对性和问答效果尚可。不过，由于主持人的导演功夫和采前功课做得还不是很到位，直播中提问的精准度、服务主题的紧密度、接地气的草根味，以及主持话语声调的掌握等仍有不足之处。

关于如何提问，可以作如下设定与选择：

**1．主题性提问**。围绕报道主题展开提问，如这里的主要变化是什么？（开放式提问）最大变化是什么？最新变化是什么？（封闭式提问）

**2．功课类提问**。根据做采前功课产生的问题来提问，如据说这里有某某独特优势资源，现在开发利用得怎样？

**3．答疑类提问**。针对被访者不明晰的表述作及时追问以消除疑惑等。

**4．贴近性提问**。主持人将自己置于网友受众位置，提出他们急于知道的问题。

**5．草根性提问**。即注意提问的趣味性和人情味，譬如您的业余爱好是什么？什么东西让你最为感动？

**6．机智类提问。**被访者突然忘词语塞，主持人及时以提问的方式作出提示，或顺势转入新的话题。

### （二）关于航拍

航拍能够俯瞰大场景，大大减少摄录死角，有利于摄取展示宏观全景场面，是直播活动用真实壮观的画面语言服务报道主题的重要手段。

"飞越山乡看巨变"，既显航拍之意，也是航拍的用武之地。"河镇乡直播纪实"中拍摄主持人采访现场的航拍运用有1次。"保基乡直播纪实"中拍摄主持人采访现场的航拍运用达23次，其中多次出现现场摄录记者倒退着录像的场景，还有一次出现接受过访谈的保基乡乡长解华走出一段路又回头看主持人的画面，都显得刺眼而不妥，是在播出前应该裁剪的内容。

### （三）关于细节

"保基乡直播纪实"中有一细节：在冷风村白上坡茶叶种植基地的采访，被访者说茶园季节性临时工的收益，至少可以买一辆摩托车开回家。主持人接话说成"家里有小车了"。这一语误涉及报道的真实性问题，虽是一个不起眼的细节，也不能小觑。

另外，直播中主持人出现语塞现象，主持人的手部动作过多，不止一次在听完被访者的介绍后说出"哦！是这个样子"的口水话，将被访问者说过的话又重复一遍等，都是细节上应该加以改进的。

## （四）关于时长

"河镇乡直播纪实"时长32分半，"保基乡直播纪实"时长38分半，"三宝乡直播纪实"时长36分多，似乎都稍长了一些，要让观众耐着性子看完，实属不易。

特别是保基乡直播更显长度。该片长约两分钟的片头，极像是风情片，几乎完全游离于主题内容之外，如同文章中华而不实的文字，实无保留之必要。

解决好内容为王问题、主持人问题，解决好提问、航拍等技术细节问题，是实现新媒体直播节目新闻价值最大化和最优化的重要条件。

完善新闻两大价值的好经验告诉媒体人：重要的成功之道在于大处着眼、小处落笔，胸中有大局、镜里有细节。

# 第十章——

# 透过案例
# 看好新闻作品的打造

　　说新闻是"易碎品"，理由是什么？除了"新闻是新近发生的事实的报道"，极易时过境迁，速成"明日黄花"之外，笔者认为还有一个重要的理由，那就是新闻作为"速写件""急就章"，往往没有千锤百炼的条件功夫，在否定与肯定之间，所能得到的也只能是"没有最好，只有更好"。

　　在长时间从事新闻审读阅评的工作中，笔者常常会对好新闻作品作出肯定性评价，对存在不足或问题的作品加以长短分析，或作出改进提升的建言献策，由此产生的新闻阅评案例，对"怎样成就一篇好新闻"很有启迪意义。

## 第一节　好雨知时节

### ——评《高原观"海"满眼春》的示范意义

2023年4月12日，某报在头版上部刊登新华社记者采写的重头报道：《高原观"海"满眼春——从生态产业看贵州高质量发展》。这是一篇体现"时度效"要求，主题意义重大，具有较高颜值的新闻作品。

习近平总书记在党的新闻舆论工作座谈会上提出，党的新闻舆论工作要"从时度效着力，体现时度效要求"。这里所说的"时"，应该包括时间、时节、时机等含义，即包含时间要新、时节要准、时机要好等要求。《高原观"海"满眼春——从生态产业看贵州高质量发展》，正当春季话春景，抓住时态与势态，极尽表达之能事，将贵州高质量发展的满眼春色、勃发生机和盘托出，彰显了"以高质量发展统揽全局"的主题和大局要求。称其"好雨知时节，当春乃发生"，实为中肯的评价。

甫一开篇，该通讯就道出了"高原观'海'"的两层意蕴。"群山连绵的云贵高原，曾经是一片浩瀚的海洋。经过亿万年的地壳运动，沟壑纵横的贵州已经看不到当时的海洋痕迹。"这里说的是亿万年来贵州沧海桑田的地理变迁。"我们来到今天的贵州，连片的樱花园'花海'姹紫嫣红，湄潭万亩'茶海'竞相吐绿，翠绿的赤水'竹海'与连绵的'山海'相互交融……让人惊叹：2亿年前消失的'海'又回来了！""秉承'绿水青山就是金山银山'理念，坚持生态优先、绿色发展的新路子，一幅绘满乡村振兴和高质量发展的多彩画卷正在贵州徐徐展开。"这里说的是近些年来，尤其是"黄金十年"贵州旧貌新颜的社会历史变迁。作品一开头，就以极显贵州特点的立意与笔触，抓住了受众欲览的心态与关注的目光。

"'花海'：以花为媒，联结'美'与'富'""'茶海'：香飘黔岭，兼收'颜'与'值'""'竹海'：翠竹生风，汇聚'绿'与'金'"，接下来的这三个文内标题，不仅回答了"高原观'海'"究竟观的是什么"海"，更重要的是以"海"的意境，道出了贵州发展特色优势产业赢得的规模气势，让人觉得"观海"之说，实非虚妄之言。而其中的"美"与"富"、"颜"与"值"、"绿"与"金"，则深蕴着"绿水青山就是金山银山"的思想理念之光和田园泥土的芳香。

作品中提及从安徽到贵州赏花的游客陈麒、连续6年在百里杜鹃景区租摊位开小卖铺的村民黄祖敏、百里杜鹃汇境花卉科技园负责人李亭毅、在这家公司打工的54岁的袁绍珍、位于贵安新区樱花园的高峰镇王家院村村干部吴婷、家有7亩茶园的湄潭县天城镇天城村57岁的熊仕华、赤水市大同镇天桥村竹子种植大户黄恩贵以及大同镇民族村村民熊文桂等8个人与事。关于黄祖敏，作品写道："家住百里杜鹃管理区普底彝族苗族白族乡颖川村的黄祖敏，连续6年时间，每年3月至5月都会在景区租摊位开小卖铺。她告诉记者，盛花期游客络绎不绝，日收入从2000元到4000元不等。"关于熊仕华，作品写道："湄潭县天城镇天城村57岁的熊仕华，家有7亩茶园，清明节前后他的茶园每天有六七斤茶青卖到当地的茶青交易市场，一季收入近4万元。"这些人与事，具象地履行了用事实说话的新闻表达责任，也强力折射了记者维护新闻真实性、增强报道说服力的职业精神和追求。

## 第二节　曙光又照演兵场
### ——有感于天眼新闻冬奥会报道的热点效应

2022年的春天有不少新闻热点，其中在俄乌冲突升级之前举行的北京冬奥会可称得上最大的热点。

北京冬奥会之所以成为中国乃至世界最大的新闻热点，有许多令人关注的理由：它是在全球新冠疫情流行的情势下举办的一届冬奥会，它是在世界唯一的"双奥之城"北京举办的一届冬奥会，它是在中国最为看重的民俗节日春节期间举办的一届冬奥会，它是5G技术运用最多的一届冬奥会，它是女性参赛比例最高、参与项目最多的一届冬奥会，它是迄今为止参赛运动员及来宾满意度最高的一届冬奥会……

在如此高热度的新闻点上，贵州日报报刊社、贵州日报当代融媒体集团抢抓时机、迎"热"而上，把北京冬奥会当作报刊社、集团将媒体深度融合发展的蓝图绘在实处，将建设新型媒体集团的使命干在新处的又一个演兵场，而且在这场具有重要意义的实战实兵演练中，书写了推动媒体深度融合发展探索实践的亮丽篇章。

阅评员认为，这种实战实兵演练的战术意义主要体现在以下几点：

第一，敢于直面实战化挑战。这次冬奥会，贵州日报报刊社、贵州日报当代融媒体集团共派出9名记者到前方参加报道，其中，闭环内的注册记者1名为全省唯一，闭环外的非注册记者8名（含张家口赛区记者1名）。

由于种种情况，尤其受到新冠疫情的影响，闭环内的注册记者少，不仅大大缩减了现场报道的覆盖率，也增加了闭环内外报道的协调性以及报道的预见性难度。此外，对于贵州媒体而言，北京冬奥会上贵州既无参赛项目也无参赛运动员，前方记者报道什么、怎么报道？且在如此情况下，还要完成好融合报道的任务等，都对报道团队构成不小的困难与挑战。

然而，贵州日报报刊社、贵州日报当代融媒体集团的前方报道团队以敢于直面实战化挑战的姿态，突出"强策划"工作重点，不断拓宽视野、策划选题、分工协作、融合传

透过案例看好新闻作品的打造

播，仍圆满完成了前方报道任务。

2022年2月20日20时42分在天眼新闻客户端推送的《小天冬奥日记⑲|我们的冬奥会》中记述："闭环内的王旗是全省唯一的注册记者，如何发挥注册记者在闭环内的现场优势，成为我们整个报道小组的工作重心。"日记披露，初次在大型运动会上接触闭环管理，才发现闭环内无限大。各赛场班车每日从主媒体中心发出，行程从几分钟到几个小时不等。然而王旗从所住酒店到达班车出发地的时间就要耗费一个半小时，不仅造成前方记者要将大量时间消耗在路途上，而且造成"顾此就一定会失彼"的局面。在困难挑战面前，报道小组抓住研判赛事这一关键，从信息搜集到电话讨论，实现每天都能追着赛事热点的工作效果。2月6日，在短道速滑混合团体接力比赛现场见证了首金的产生；2月7日，在张家口赛区现场采撷了苏翊鸣摘银的见闻；2月8日，又在首钢大跳台见证了谷爱凌逆转夺冠的喜讯……"小天冬奥日记"跟随着王旗的现场见闻，向读者传递着不一样的冬奥信息。

在媒体竞争中，原创、独家既是"内容为王"的重要支撑，又自始至终来之不易。我们仅从《小天冬奥日记⑲》的以上记述中，便可感知报刊社、集团的北京冬奥会前方报道团队敢于接受实战化挑战，对于战斗队和战斗员的锻炼价值是既深刻又深远的。

第二，勇于接受融媒体锤炼。前方报道团队组成及领命时，已然确定增强全媒体技能是这次报道任务的核心。

在工作技能上，强调9位记者都要会写、会拍、会剪辑、能出镜，运用"十八般武艺"，实现快速采制优质新媒体作品的要求。

在表达方式上，突出新媒体青睐的视频化手法，坚持无视频不新闻的理念，把短视频放在作品制作重中之重的位置，做到近八成的报道都有视频呈现。从正式出征的第一条报道《冬奥会我们来了！贵州日报天眼新闻记者出发北京》，到《激情2分37秒！跟随天眼现场视角重温中国首金》，以至连无法面对面采访的报道，如《骄傲！三名贵州籍大学生参与冬奥会开幕式国旗传递》《有创意！贵州90后小伙抖石子为奥运健儿加油》等，都是跟采访对象充分沟通后以录制视频呈现。不仅如此，还着重推出了"天眼看冬奥Vlog""孟雪说冰雪"两个视频类产品。

在成果展示上，北京冬奥会报道充分践行一次采集、多次生成、多元发布，所有报道在天眼新闻客户端发布的同时，微博、微信、抖音、人民号、新华号以及《贵州日报》等多平台也按需发布，不少图片新闻经过积极对接，还得以在《人民日报》《光明日报》《经济日报》等央媒上刊出，形成了分众传播、分类覆盖的格局。

第三，善于用实绩来说话。冬奥会赛程期间，贵州日报天眼新闻前方报道组共采写原创融合报道约240条，加上前期预热性报道，共在天眼新闻客户端发稿300多条，各平台累计发稿2000多条（次）。

报道组坚持"重策划"工作导向，尤其注重突出冬奥会中的"贵州元素"，竭力挖掘冬奥会与贵州关联的新闻。如贵州籍火炬手、国旗传递中的贵州籍大学生、进奥运村的糖娃娃工艺品、网红小伙抖出冰墩墩、在北京体验冰雪的贵州游客以及志愿者、技术人员等等，通过率先挖掘报道，都产生了良好的传播效应。

《贵州籍歌手周深新歌唱响冬奥赛场》，在贵州日报官方微博发布话题，冲上微博全国热搜榜第一，话题阅读量超1亿次，话题瞬间热度最高时超过300万；《天眼看冬奥|逢山开道，遇水架桥！冬奥配套工程上的"贵州力量"》，被贵州省委网信办全省全网推送。

还有《天眼看冬奥|139名！贵州志愿者"微火"温暖服务冬奥》《天眼看冬奥|王志鸥：用数字科技向世界讲述长征故事》《天眼看冬奥|贵州籍知名体育评论员夏松："每个人都可以参与到奥运中"》，以及"小天冬奥日记"视角独到的信息采制，也很显策划与创作功力，使报道的原创性及其个性得以彰显。

说到这种实战实兵演练的战略意义，阅评员以为更值得看重。

首先，这种迎"热"而上的决策本身，体现的就是高度的战略思考和战略眼光。在重大新闻事件和重要新闻热点面前不仅不缺位，而且力争有独到作为，有爆款声响，对于媒体的影响力塑造至关重要。《贵州籍歌手周深新歌唱响冬奥赛场》《天眼看冬奥|逢山开道，遇水架桥！冬奥配套工程上的"贵州力量"》这样的作品每爆响一次，其实就是对发布媒体粉丝的一次培养和储备。在浏览网友们对《贵州籍歌手周深新歌唱响冬奥赛场》的评论时，就发现网友们将周深空灵的歌声与贵州的旅游形象联系起来，不少人表示："认识了周深，一定要去贵州看看。"这样的爆响次数越多，媒体的回头客群体就越稳固。赢得这样的良性循环，媒体的"双效益"乃至贵州的传播效应便都有了重要凭靠。

天眼传媒要按照"一二三四"发展思路行进，达到全国一流新闻客户端的目标，实现主流舆论阵地更强大和营收盈利能力更强劲的两大愿景，突出政治性、新闻性、人民性，推进年轻化、生活化、可视化、市场化，展开这样的实战演兵，确实非常有意义。

## 第三节　重大题材的视觉化表达

　　2023年2月15日，《贵州日报》创设推出"多彩贵州·从万桥飞架看中国奋斗"特别报道。自当日起至2023年3月18日止的32天中，共刊出专栏报道23期、专版报道9个、图片77幅。阅评员认为，从策划主旨与实操效果上看，这确实堪称是一组用高质量的视觉化手法彰显的重大题材报道。

　　给这一特别报道以重大题材定位，并不仅仅因为其栏题中出现"看中国奋斗"这5个字，更具实质性的理由，是在中国奋斗、中国发展这个总势态、总格局中，贵州奋斗、贵州发展所蕴涵的特殊意义与惊人价值。而贵州桥梁建设又在其中占有极其重要的地位，具有让世人惊诧的成就。目前世界高桥前100名中，近一半在贵州，贵州的桥梁建设不但一次次刷新世界第一高桥的历史纪录，也占据多项独创性领先地位。而这样的惊世业绩出现在"地无三里平"，过去以"飞鸟不通、边远落后"著称的贵州，究竟意味着什么？"一座座不断刷新世界纪录的桥梁，见证了贵州的跨越发展，为贵州高质量发展和现代化建设注入了强劲动力。"围绕这样的内容做文章，不是重大题材又是什么？正如该特别报道在"开栏的话"中所说的那样："万桥飞架，让贵州大地成为令人惊艳的'高速平原'，不仅有力见证了这片土地上发生的'千年之变'，更生动折射了党和国家事业取得的重大历史成就，彰显了中国特色社会主义的强大生机活力。今日起，本报推出'多彩贵州·从万桥飞架看中国奋斗'特别报道，讲述贵州桥梁建设的成就和故事，充分反映桥梁建设对贵州提升区域发展地位和对外开放格局的重要促进作用，生动展现多彩贵州的开放、拼搏、自信、活力。"

"多彩贵州·从万桥飞架看中国奋斗"特别报道选择用视觉化手法展开，实在是合乎逻辑情理的科学决定。大桥环境的险峻、桥梁建设的困难、大桥飞架的雄姿和造型的独特壮美等，常常是"一图胜千言"。

由此，《贵州日报》策划组织的这一特别报道总体上以图片报道的形式演进。"多彩贵州·从万桥飞架看中国奋斗"专栏、专版均以图片加说明的方式呈现。不同于其他一般的图片报道，该专栏除了为单幅刊出的图片配以专门的文字说明外，还对图中显示的大桥的"桥梁地址""大桥特点及技术创新""设计者访谈"展开文字介绍。譬如《世界超级大桥故事①|杭瑞高速北盘江大桥云端之上：领略世界第一高度》报道中，"桥梁地址"的配文为：北盘江大桥为杭瑞高速公路贵州与云南的跨界工程。东与水城区都格镇相连、西与曲靖市宣威市普立乡腊龙村相交，是

杭瑞高速公路（国家高速G56）"咽喉"。"大桥特点及技术创新"的配文为：北盘江大桥全长1341.4米，贵州侧和云南侧桥塔高度分别为269米和247米，桥面至江面垂直距离为565.4米。在建时为世界最大跨径钢桁梁斜拉桥、世界第一高桥。建设团队创新使用了主梁纵移悬拼技术、顶推施工，全面应用了主梁板桁结合技术、500E高性能抗震钢筋。"设计者访谈"的最后一段文字是：彭运动介绍，设计团队根据地形巧妙地提出了一个适合山区峡谷桥梁架设的施工方案。"我们在桥台把桁架拼成节段，不需要搭设支架，将斜拉桥边跨主梁一点点往前顶推，直到和主塔汇合，将斜拉桥边跨主梁、引桥和引道拉通，形成跨峡谷主梁的运输通道，开拓了山区钢桁梁斜拉桥施工的一个全新施工工法。彻底解决了山区峡谷桥梁修建中沿沟底运输难、垂直起吊难问题，让山区峡谷不再成为大桥建设的障碍。"这样就构成一种拓展了的图片报道模式，且其拓展部分主要在文字方面，既避免了图片文字说明简短可能造成的内容缺漏，也保持了图片报道的基本格局。阅评员认为这种模式仍应归为以图为主的图配文报道，而不应归为以文为主的文配图报道，原因就在于经拓展的文字部分仍保持了图片说明"取要义、求简洁"的特点，且带有为图片报道服务的鲜明色彩。

特别报道先后配发了《桥梁建设的"贵州高度"》《桥梁建设的"贵州速度"》《贵州超级大桥是如何建成的》《桥梁建设的"贵州精度"》《桥旅体融合奏响致富乐章》《开放桥：打开山门拥抱世界》等多篇重点文字报道，又大大增加了特别报道的内容深度。特别报道的专栏内容，除特殊情况外，相对固定在报纸2版的中部位置刊出，也是值得肯定的技术手段之一。此外，特别报道的图片使用，较多地采用了外部资源，这既保证了图片的质量精度，也拓宽了稿源的渠道与数量。这也是值得巩固、发扬的工作经验。

## 第四节　经验信息的全链条高质量传送
——以通讯《树一个品牌　强一域经济》为例

G报2023年2月8日的经济版头条刊发通讯《一个劳务品牌带动数万人就业/树一个品牌　强一域经济》，是一篇具有传导价值的经验信息。

通讯的前两个自然段写道：

需要家政服务，你会想到"黔灵女"；建筑行业，普安"龙吟架子工"远近闻名；化工行业，"瓮安化工"学徒不愁找工作；茶叶产区，"都匀毛尖技工"最受欢迎；两广和海南等甘蔗主产区，"榕江收割队"被争相邀请……

树一个品牌，带一片就业，富一方百姓，强一域经济。近年来，贵州高度重视劳务品牌的培育、建设和发展，在政策和市场的合力推动下，劳务品牌正成为群众就业金名片、乡村振兴聚宝盆。

接下来，该通讯从"突出特色 劳务经济成产业""擦亮名片 拉动就业效应大""政策支持 精心培育创品牌"三个方面展开报道，成就了一条篇幅为2000余字，具有重要性、典型性、指导性和较强信息量的通讯作品。

作品事涉稳就业保民生和乡村振兴两件大事，重要性不言自明；它聚焦劳务输出大省之一的贵州高度重视劳务品牌的培育、建设和发展，并创造提供这方面的典型经验，其典型指导意义也不在话下；倒是在信息量上面，阅评员用了"较强"二字而有所保留，是因为作品在这方面确实存在一些不足。

劳务品牌打造的核心要害在哪里？一定是在作为核心竞争力的人身上，是在人的知识技能的教育培训上面。该通讯中提到的"黔灵女""龙吟架子工""瓮安化工""都匀毛尖技工"等等，应该都不是土生土长的"非遗传承人"，而是经过专门职业技能培训产生的。对此，该通讯完全有必要增加一部分内容，对贵州如何开展农民工技能培训作专门的、尽可能详尽的报道介绍。譬如培训的方式方法，有什么予人启发的经验做法，是否还存在亟待解决的问题等等，都值得细细道来。而目前通讯中仅仅提到"采取理论和实操相结合的方式进行培训"，"政校合作"开展"都匀毛尖技工"专项技能培训，都是点到为止、一笔带过，那是远远不够的。

该通讯还写道："劳务品牌的发展，正从过去的自动自发阶段，进入市场和政策推动的新阶段。"其实，作为经验信息的报道，该作品除了应该尽可能详尽地介绍贵州在农民工技能培训方面的典型经验外，还可以就如何让劳务品牌与市场衔接，如何畅通市场渠道的典型经验加以介绍。综观《一个劳务品牌带动数万人就业/树一个品牌 强一域经济》一文，只是在劳务品牌的政策推动方面作了较详细的报道，而在培训推动和市场推动上却有明显的缺漏，这就有些"掉链子"，没有达到经验信息全链条、高质量传送的报道境界。

当然，新闻报道必须遵循事实第一，报道第二的真实性原则。倘若贵州在培训推动，尤其是市场推动上还没有形成真正的典型经验，记者和媒体也不能无中生有。然而即便如此，记者由是展开"问题导向"的思考探索，提出观察意见，也不失为经验信息全链条、高质量传送的理性选择。

省委机关报的权威主流传媒定位，决定了重要性、指导性、新鲜性、接近性、服务性等新闻价值要素在传导中的不可或缺。经验信息作为党媒报道内容的重要构成，具有重要性、指导性、新鲜性、接近性、服务性等新闻价值要素兼具的特点，而经验信息的全链条、高质量传送，便成为党媒值得狠下功夫的实践课题。

## 第五节　从对比看存在
——话说 G 报"深学贯"报道的"百尺竿头"

作为 G 报围绕中心、服务大局的主打栏目，自党的二十大胜利闭幕以来，该报要闻版的"深入学习贯彻党的二十大精神"专栏，始终居于主角地位，具有很高的见报频率。

阅评员在对该栏目作品进行审读的过程中，既看到不少佳作，也发现一些不足或问题，引发了"从对比看存在、找差距"的一番思考。

2022年12月18日，该报"深入学习贯彻党的二十大精神"专栏刊发通讯《平塘县百香果种植基地——"冒热气"理论变成"接地气"语言》，其第一自然段写道："'为什么克度镇会选择发展特色农业？因为这里气候条件好，交通等基础设施也得到了有效提升……'近日，在平塘县克度镇先进村山顶红百香果种植基地，趁着群众劳作的间隙举行了'田间会'，平塘县委党校讲师王仲欢为大家宣讲党的二十大精神，鼓励群众砥砺奋进向未来。"这篇通讯的标题称之为"冒热气"理论变成"接地气"语言，作为宣讲主角的平塘县委党校讲师王仲欢，在整篇通讯中就说了"为什么克度镇会选择发展特色农业？因为这里气候条件好，交通等基础设施也得到了有效提升……"这句话，怎么看也不大够得上"冒热气"的理论，报道或多或少带上了牵强附会的色彩。

同年12月20日，该报"深入学习贯彻党的二十大精神"专栏刊出通讯《进教材 进课堂 进头脑——党的二十大精神进校园凝聚教育高质量发展新动能》。其中有两个自然段写道：

"大家好，我是贵州师范学院的一名成员，我叫思思，作为一名虚拟数字人，我也有自己的身份，那就是党的二十大精神宣讲员，我们一起来了解党的二十大精神吧……"

近日，贵州师范学院在原有的"二十大代表示范讲""领导干部带头讲""专家学者辅导讲""青年学生主动讲"基础上，挖掘学校特色资源，尝试开发了"AI数字人创新讲"新模式，推出数字人大讲堂，成为全省理论宣讲工作新形态的"先行者"。

像"思思"这样的"AI数字人创新讲"新模式，党的二十大精神的数字宣讲员，全省理论宣讲工作新形态的"先行者"，新闻性形象鲜明，典型性价值突出，在报道中举出"思思"是如何开展其创新讲的例子，实为必要。遗憾的是，报道中除了上述两个自然段之外，再无关于"思思"的文字表述，大有点到为止，乃至虚晃一枪的缺憾。

对比来看，该报头版刊登的《74岁奶奶展现乡愁成网红/为山村带来流量和订单》一文，从74岁的张金秀奶奶是如何成为网红名人，红到什么程度，作为抖音账号"黔东农仓"主人公的张金秀又是如何为小山村带来流量和订单等，报道中都有切实完善的交代，没有出现新闻事实残缺的现象，故而新闻的传播力、引导力、影响力、公信力便有了基本保证。

新闻写作的基本规律就是用事实说话。然而怎样用事实说话，用什么样的事实来说话，却是大有讲究。"从对比看存在、找差距"，核心的问题就是新闻写作怎样用事实说话，用什么样的事实来说话。本文提到的三件作品，《"冒热气"理论变成"接地气"语言》之所以给人牵强的感觉，是因为记者采写提供的新闻事实如同一个"小老幺"，撑不起《"冒热气"理论变成"接地气"语言》这个"大帽子"。《进教材 进课堂 进头脑》之所以留下一个缺憾，也是因为新闻事实出现了不该有的虚化以至缺失。而《74岁奶奶展现乡愁成网红》之所以在对比中显露其存在价值，核心就在于它用事实说话做到了具体实在、完整充分，给新闻的传播力、引导力、影响力、公信力提供了应有的保证。

G报"深入学习贯彻党的二十大精神"专栏刊登的不少作品都质量尚佳、值得点赞，阅评员的行文初衷意在"百尺竿头，更进一步"。从核心要害的角度来讲，有以下几点与同仁商榷：

第一，新闻要用事实来说话其实是个大概念，真正要害的东西，或者说最重要的功力还在于用什么样的事实来说话，因为事实有重要与一般、精准与冗杂、说服力强与说服力弱等等的区别。要用有具象、鲜活、重要、典型、说服力强等特点的事实来说话，那么记者首先得是一个明白人，即明白哪些事实是具有鲜活、具象、重要、典型、说服力强等特点的事实。譬如《"冒热气"理论变成"接地气"语言》一文的采访写作，记者就得搞清楚党的二十大报告中与"三农"问题、乡村振兴关联度高的"冒热气"理论究竟是什么，倘若没搞清楚这一点，这篇报道的其他内容都无从谈起。

第二，新闻采访与写作密不可分。作为终结点的笔力，最终要有精彩的表现，终究离不开脚力、眼力、脑力的支撑。正所谓"巧妇难为无米之炊"。《进教材 进课堂 进头脑》一文的些许缺憾，存在两种可能性：一种是记者知道"思思"这样的"AI数字人创新讲"新模式之新，采访中已有素材收集和新闻事实准备，只是在写作中有不当的省略；另一种是记者对其典型性价值的认知尚不够深透，采访中就没有做好素材收集和新闻事实准备，故而缺漏。

有观点认为，新闻写作中脑力的作用常常居于核心和主导地位，因为怎样用新闻事实说话，用什么样的新闻事实来说话，主要是由脑力来决定的。新闻写作主张留住细节，为什么要留住细节，要留住什么样的细节？这其中的门道值得探究。《进教材 进课堂 进头脑》里的"思思"，既然是全省理论宣讲工作新形态的"先行者"，新闻性形象鲜明，典型性价值突出，在报道中多给它一些表现的空间，适当增加一些细节性描述，就不是无关紧要的了。

## 第六节　把文图并重的要求落到实处

　　笔者对某期刊审读了一段时间，发现刊物似乎存在"重文轻图"的倾向，这种倾向主要表现为下列几个问题。

　　第一，图片刊发较为随意。主要有两种表现：一是插图与文字内容疏离，比如，文字部分是关于毕节市织金县的报道，配发的却是黔西南州兴仁县的插图。二是一些图片刊发时幅面大小不完全由内容轻重或画面质量决定，孰大孰小似乎在照顾组版的需要。

　　第二，图片说明不大讲究。主要有三种表现：一是图文不符、驴唇马嘴。比如2022年27期第28页、2023年4/5期第30页的图片内容是辣椒种植业画面，而图片说明却在讲百香果种植的情况。二是图片说明产生文字差错。如2022年36期第56页的图片说明将"困牛山红军壮举展陈中心"，误为"困牛山红色壮举展陈中心"等。三是图片说明偶有文字重复现象，让人产生"词穷"之感。如2023年4/5期目录所配图片的文字说明写道："1月13日，贵州省第十四届人民代表大会第一次会议在贵阳隆重开幕。图为参会代表热烈鼓掌。"同期第21页所配图片的文字说明写道："1月15日，省十四届人大一次会议举行第二次全体会议。

图为代表热烈鼓掌。"两处图片说明都出现"热烈鼓掌"字样，实为重复表达，故阅评员建议将21页图片说明的最后一句修改为"图为会场的热烈场面"。图片说明按高标准，应该努力做到为精美、鲜活的画面配以精彩、生动的文字；按低标准，做到文图相符、没有硬伤差错，是最基本的要求。

第三，图片内容结构不够稳妥。比如2022年第42/43期为党的二十大报告配发图片时，出现航天航空方面图片偏多，而反映党的自我革命等方面的图片却有缺失的状况。再如2023年4/5期的第8页、11页两处为贵州省委书记徐麟在省两会上的讲话配发图片，只有政协方面的图片而缺失人大方面的。当期16页至29页刊登《贵州省政府工作报告》，所配图片全是人大方面的又缺失政协方面的。以上情况都由审读员提出意见而加以订正。这种图片内容结构的问题，已经牵涉政治层面的不妥，值得引起充分的注意。

图片报道是媒体报道中极为重要的一个方面，在读图时代出现之后，其地位和作用更是备受关注。某刊上述问题的出现，阅评员判断可能与重文轻图的工作倾向有关。重文轻图的工作倾向是怎么来的？阅评员曾在一篇阅评文章中分析说，在平面媒体的报道中，文字报道常常是版面的主角，而图片报道则处在配角的位置，这样，图片报道及图片说明就可能成为编辑和校检轻视、忽略的对象，成为差错的多发点甚至堵错的疏漏点。

要把文图并重的要求落到实处，这既是提升宣传报道传播力、引导力、影响力、公信力的需要，也是减少报道差错，提高报道质量的需要。把文图并重的要求落到实处，就要重点解决重文轻图的工作倾向问题，不能将图片报道及图片说明当作编辑和校检等工作环节可以轻视和忽略的对象，而要将其当作提升工作质量及封堵差错的重点部位来对待，以便将图片报道中可能出现的技术性差错乃至政治性差错一并消除。

## 第七节　讲故事＝摆事实
### ——有感于《贵州日报》的三篇报道

邓小平新闻思想中有一句名言，叫作"拿事实来说话"。

人们在接受外部信息时有一个习惯，叫作"喜欢听故事，不喜欢听'报告'"。

用故事化手法展开新闻报道，正好做成了"讲故事＝摆事实"这个等式，是很值得提倡的新闻报道手法。

2020年7月15日，《贵州日报》"天眼新闻"版推出《爱美的肖阿婆》《老婆，你穿婚纱的样子真好看——搬迁户杨胜宏夫妇结婚30年后补拍结婚照》《第一书记卖椒记》三件作品，在阅评员看来，都是体现了"讲故事＝摆事实"手法的不错例子。

首先，三件作品的标题已经具有故事化元素，有让人读题就想看内容的欲望。比如"爱美的肖阿婆"多大年纪了，她是如何爱美的？这就带上了引人听故事的悬念。

其次，报道在展开时都有情节化的内容。譬如《老婆，你穿婚纱的样子真好看——搬迁户杨胜宏夫妇结婚30年后补拍结婚照》一文的第1至第6自然段这样写道：

6月19日，石阡县汤山街道平阳社区，一大早，易地扶贫搬迁户杨胜宏和妻子张玉屏收拾妥当后，直奔居委会3楼。

53岁的杨胜宏要去完成一件人生大喜事——结婚30年后补拍一套结婚照。

灯光、婚纱、化妆台……为了迎接这对特别的"新人"，平阳社区早就做好了准备。

"两位不要害羞，靠近一点。"

"对，笑一笑拍出来更好看。"

在造型师和摄影师的指导下，杨胜宏和妻子终于圆了"婚纱梦"。看着相机里西装革履的自己，还有身着白纱、笑靥如花的妻子，杨胜宏喜不自禁："老婆，你穿婚纱的样子真好看！"

一对中年农村夫妇补拍结婚照的情节过程，就通过讲故事的方式，完整生动地呈现在受众面前。

再者，不像有的新闻作品，故事化元素只是报道中的一种如"味精"般的点缀，充其量在文章的开头出现一点现场描写之类的故事性表达，随即就是大量的背景材料或综合性叙述的老模式、老套路。而这三件作品都无一例外跳出了那种窠臼，如《第一书记卖椒记》总共有12个段落，而前11个段落这样写道：

7月13日凌晨4时，大方县黄泥塘镇背座村，"叮铃铃、叮铃铃……"闹铃声打破了清晨的寂静。

驻村第一书记李龙飞起床后，立即叫醒驻村干部陈理。两人洗漱完，伴着雨露的微凉，将昨晚加班采摘的2000多斤辣椒装上车，便往镇上赶。

到了镇里，两人搭帐篷、卸货、摆摊、备好秤和二维码，将一筐筐色泽鲜绿、肉质肥美的辣椒整齐摆放好。

"卖辣椒，卖辣椒，背座新鲜的大辣椒，10元钱5斤，10元钱5斤……"虽然是第一次摆摊，李龙飞丝毫不怯场。

一位、两位、三位……顾客越来越多，摊位前变得热闹起来。

"背座的辣椒看起来又新鲜又大个，卖得又便宜，我多买点回去炒菜。"顾客李女士说。

"我要5斤。"

"我要10斤。"

"我要一筐。"

…………

很快，辣椒就卖出了不少。

"其实，我完全没有销售经验，都是靠临场发挥，不过，能把群众辛苦栽种的辣椒卖掉，再累也是值得的。"李龙飞说。

整个作品故事化表达的分量是显而易见的。

用鲜活生动的故事达到"拿事实来说话"的新闻传播目的。《爱美的肖阿婆》，以73岁的村民肖阿婆的爱美之心，折射了生态文明与精神追求在脱贫奔小康的贵州农村引发的真实变化；《老婆，你穿婚纱的样子真好看——搬迁户杨胜宏夫妇结婚30年后补拍结婚照》，照映了易地扶贫搬迁不仅让村民住上了好房子，也让他们过上了好日子的真实一幕；《第一书记卖椒记》，将脱贫攻坚中第一书记扶真贫、真扶贫，从一件件具体细小的事情做起的新闻事实和盘托出。这就赢得了"小切口反映大背景，小故事反映大时代"的传播力、引导力、影响力和公信力。

## 第八节　别开生面的符号运用

### ——评 G 报新闻标题的一种创意表达

2023年8月7日，G报多个版面上出现引人注目的新闻标题，如《"桥"见贵州创造》《让特色农产品一路领"鲜"》《凉气候种出"热"产业》《让"科技之花"结出"产业之果"》《织密"小网格" 幸福"升满格"》《"最末端"守好"最前线"》……在此前后，也不时出现类似的标题，如《闻"汛"而动　抢通保畅》（8月2日11版）、《法治知识竞赛走心又走"新"》（8月4日12版）、《"患"位思考提升百姓就医感受》（8月5日1版）、《歪寨"正传"》（8月8日11版）、《充电桩为绿色出行"加油"》（8月9日8

版）、《到云屯公园来一场"森"呼吸》（8月10日15版）、《瓜果飘香"丰"景独好》（8月11日5版）等等。

这些标题，或巧用谐音，或隐含双关，或善解因果，或妙用对比，其中有一个共同特点，即稳妥恰当使用了引号，形成一种别开生面的创意表达，对增强传播力、影响力、吸引力发挥了积极有益的作用。

新闻标题是报纸的"眼睛"。一个人有无神气，眼睛起着很大的作用。同理，报纸神气如何，标题也有着不可低估的地位及作用。有言道："题好一半文。"所以，报人乃至所有媒体人在新闻标题上多花心思、多下功夫，"为伊消得人憔悴"，求得好题飘然至，那是很值得的。

新闻标题的制作够得上一门专门的学问。阅评员手中关于这方面的专著就有人民日报出版社的《新闻标题学》《标题的艺术》，新华出版社的《标题一得录》，中国人民大学出版社的《新闻标题选评》，中国人民大学新闻学院的《新闻标题制作经验荟萃》，湖南大学出版社的《百年新闻标题经典评析》等。《新闻标题学》一书论及新闻标题的辞格艺术，就有形象类辞格、强调类辞格、贯通类辞格、含蓄类辞格、幽默类辞格、深化类辞格、变形类辞格7大类共40个小类之多。其中不少辞格在标题中的运用都与引号的出现关联。如形象类辞格中的借喻类，就列举了《踢了十三年的"皮球"进了门》《中国改革的"渡江战役"》，引喻类列举《让"南郭先生"让位》，比拟类列举《"阿美"（大熊猫）远嫁日本》，借代类列举《共产党人　决不能当"老好人"》《"北极熊"（俄罗斯足球队）疯了　"非洲狮"（喀麦隆足球队）蒙了》，象征类列举《"飞蝗蔽日"的时代一去不返》等著名例子。《新闻标题制作经验荟萃》一书中专门论及"谐音式标题"，列举出《有"礼"走遍天下》《姚文元就是"谣文源"》《乐在"棋中"》等著名例子。这些新闻标题案例都说明，许多新闻标题修辞手法的运用，都常常要借力于引号。即引号在新闻标题中稳妥恰当地运用，确实能产生精妙的效果。

在精妙的效果前面，为什么要强调"引号在新闻标题中稳妥恰当地运用"这个前提呢？原因就在于，新闻实践中的确存在引号在新闻标题中不稳妥不恰当运用的情况。如阅评员在报刊审读中曾经发现以下标题《计生委"收买"公安局征社会抚养费》《"寨主"侯美传》《岑巩280名驻村干部乐当"和事佬"》，阅评员将《计生委"收买"公安局征社会抚养费》一题修改为《计生"社会抚养费"亟待明白账》见报，因为"收买"这个贬义词绝不会因为加上引号就消减乃至消除了它的负面含义，这个词绝对不应在这个语境中出现，加上引号也不行；阅评员提出应将《"寨主"侯美传》一题修改为《"三实"书记侯美传》或《"他就像我们的伙计"——丹寨县委书记侯美传与他的"三实"精神》，因为"寨主"之说与我们党强调党的干部要做"人民的公仆"，而不能做人民的"主人"的要求不符，加上引号也不行；《岑巩280名驻村干部乐当"和事佬"》一题，阅评员将其修改为《岑巩280名驻村干部乐解"疙瘩事"》见报，因为"和事佬""老好人"具有负面色彩，《共产党人决不能当"老好人"》是借代手法的好例子，《岑巩280名驻村干部乐当"和事佬"》则是借代手法的坏例子，"和事佬""老好人"并不会因为加上引号，带上特指的含义而改变其贬义词性。

终归而言，引号在新闻标题中的运用，绝非所用皆好、一用就妙。如何向好避谬，需要用功积累和分外小心。

## 第九节　在调研中践行使命
### ——评调研报道《"一棵树"的新使命》

把牢重要使命，切准重大主题，以宏观视野、理性思考，微观手法、纪实笔力，成就具有深度、力度、厚度、亮度的调研报道。这是6月14日在《贵州日报》头版见报的《"共建世界旅游目的地"调研行之一/"一棵树"的新使命——解码贵州旅游恢复增长之黄果树旅游区》一文，给阅评员留下的真切印象。

该报道承载的厚重使命，可以从三个主要方面加以认知。

"绿水青山就是金山银山。"习近平总书记的绿色发展思想，在旅游业可以得到最现实、最直接的印证。总书记对贵州旅游发展十分关心，寄予厚望，称赞贵州素有"公园省"之美誉，要求贵州丰富旅游生态和人文内涵，实现旅游业高质量发展。践行习近平总书记的绿色发展思想，为贵州旅游业的高质量发展发挥好党报的宣导作用。此为该报道承载的第一使命。

当前，全省上下正深入学习贯彻党的二十大精神和习近平总书记对贵州工作重要指示批示精神，坚持以高质量发展统揽全局，全力实施围绕"四新"主攻"四化"主战略，努力实现"四区一高地"主定位，奋发有为推进中国式现代化的贵州实践。"在生态文明建设上出新绩"，加快推进"旅游产业化"，加快建设"生态文明建设先行区"，做好这些大文章，事关贵州的主战略、主定位的现实奋战与美好前景。此为该报道承载的第二使命。

2022年12月以来，省委主要领导同志深入全省9个市州采取调研式推进重点工作的方式研究问题、破解难题，对加快推进旅游产业化提出新要求、明确新方向。2023年，第十七届贵州旅游产业发展大会向全省发出了"共建世界级旅游目的地"的总动员。2023年4月至5月，省委书记、省人大常委会主任徐麟两赴安顺调研，提出：奋力把黄果树打造成世界级旅游景区，为贵州建设世界级旅游目的地提供坚实支撑。这一系列背景条件，为全省各地围绕新使命新任务，奋发有为推动旅游业全面恢复增长提供了强大动能。解码贵州旅游恢复增长，呈现共建世界级旅游目的地的新气象，加快推进贵州省旅游业高质量发展。此为该报道承载的第三使命。

在调研中践行使命。《"一棵树"的新使命》，讲的是黄果树景区的新使命，其实也把自身承载的三大使命融入其中。

《"一棵树"的新使命》无可争议地给予人们强烈的"使命感"。不过其还有一个值得评议之处，那就是它所具备的浓重的"调研味"。

此文分为三个部分，分别为"以创新破题""以改革破局""以实干破圈"。"以创新破题"是要解决打造"此心安处是吾乡"的旅游新体验，激活"世界级资源"，打造"世界级景区"的问题；"以改革破局"是要解决铸牢"一体化"营运体制机制，聚焦资源、客源、服务"三大要素"扬优势补短板的问题；"以实干破圈"是要解决锚定"世界级旅游景区"新目标，奋发有为干出"世界级"标准来的问题。这"三以三破"就是以研究问题的姿态，探索解决问题的路径，行文的"调研味"已然深蕴于字里行间。

即以实干要破的这个"圈"而言，这可不是一个普通的"圈"，而是世界上尚无先例的"圈"，那就是建设世界级旅游目的地，放眼全国乃至世界，目前尚无统一标准的建设模式。《"一棵树"的新使命》一文在深入调研的基础上提出："资源、客源、服务，是贵州旅游高质量发展的关键词，犹如支撑建设世界级旅游目的地的'三块板'，必须统筹谋划，同步推进，同步提升，同时发力。"进而展示了下列三个实作案例：

在"资源"开发上下实功：在黄果树景区、龙宫景区谋划重点项目55个，计划总投资306亿元，本年度计划开工45个，计划完成投资60亿元。

在"客源"引流上出实招：安顺市委、市政府主要领导带队马不停蹄地东赴上海、南下广东等地推介招商，开发国内客源，推动全国"八大营销中心"相继落地营运；在开拓国际客源方面，赴意大利、越南、韩国等国家开展国际营销的活动正在紧锣密鼓筹备。

在"服务"提升上见实效：建成智慧旅游平台，实现"实名预约、分时预约"，荣获"全国智慧旅游创新项目"称号；开发"安旅通"数字化平台，整合"吃住行游购娱"六要素，打造贵州特色的文化和旅游线上消费聚集平台；开通"一车游景区"及VIP要客服务；对标"航空服务"标准，打造旅游服务品牌。

就"资源、客源、服务"三个关键词提出"统筹谋划，同步推进，同步提升，同时发力"的思考建议，围绕三个关键词展呈"下实功""出实招""见实效"案例，对于奋力打造出富有贵州特色的"世界级"标准，建设世界级旅游目的地，为实现贵州旅游业的高质量发展提供坚实支撑，无疑具有很强的调研意义和指导性价值。

## 第十节　看"键盘侠"的"一文三新"

《回家乡当电商助力黔货出山/普定"键盘侠"邀你"吃瓜"》。2021年8月9日，《贵州日报》头版刊出的这一则通讯，以其主题的古今合璧色彩，吸引了阅评员的眼球。待细细读完这条报道，更生成了该作品"一文有三新"的感受。

### ▽ 先看此文的内容新 ☁

普定县后寨村32岁的村民肖光群，当电商助力黔货出山，通过网上销售带火了普定地瓜（俗称地萝卜）。该报道中说："带着泥土的地瓜从小山村飞越千山，到上海，到成都，到广州，到南宁……到大江南北。两月光景，他卖了6万斤普定地萝卜，挣了16万。"报道还说："后寨村的老支书伍克明也来了，老人和土地打了半辈子交道，'没见过地萝卜这么值钱'。地萝卜前年的批发价是1.3元，去年是1.8元，今年差不多2.5元一斤，'现在全村有30多户农户种植，土地加起来有百亩左右，一亩可以赚一万多块，已经有很多外地老板来收购'。"

与土地打了半辈子交道的后寨村老支书感叹："没见过地萝卜这么值钱。"这其中包含着一个重要的市场信息：带着泥土气息的贵州农特产品，其实很有市场缘，很受大众的欢迎。众多黔货中并不怎么起眼的地萝卜尚且能如此，黔货出山的前景实在是大可期待的。这便构成了该报道"质新性"即内容新的本质特性。

肖光群具备高中文化，有过外出东部发达地区打工的经历，且是第一批开女装微店的人。之后回乡创业，成为当地有名气的电商，当下又在研究短视频，认为"风口已至，学会短视频带货，才能在卖农产品方面，不被时代抛下"。这种有文化、有闯劲、有抱负的农村能人，带着浓重的新时代农村典型人物的色彩，也构成了该报道"质新性"即内容新的另一个特质。

将这样的内容置于省委机关报的"四新四化蹲点采访"栏目内推出，对于在乡村振兴上开新局、在实施数字经济战略上抢新机，加快贵州农业现代化步伐，无疑具有典型示范和重要指导意义。

## ◤ 再看此文的手法新 ☁

此文的手法新表现在多个方面。一是标题新颖。其主题《普定"键盘侠"邀你"吃瓜"》，其中的"键盘侠"一词，已经带有古今合璧的意蕴，再将"键盘侠"与网络热词"吃瓜"配搭出现，产生了新奇的吸睛效果。

二是文意出新。不仅在语言文字上像文言文一样简洁明快，出现"8月2日，大晴""独自在西湖边上走一遭，拂衣去""去年，肖光群卖瓜，一战成名""一起上才能炼成天罡北斗阵，发挥最大威力""肖光群在网上广发'英雄帖'：来吃瓜嘞"等语句，而且在通讯中出现的三个文内标题："一个人的武林""仗'键'走天涯""'键盘侠'邀你'吃瓜'"，如同三个章回，按时序讲了三个故事，让读者感到喜闻乐见、别有情趣、耳目一新。这种古今合璧的创意，在有意无意间使其带上了"老少咸宜"的意趣。

三是结构标新。全文采取短段落结构，不含引题和主题的1838字，分为58个段落，平均每个段落30字左右，更是出现了"'侠客'：我来""小山村沸腾了""这里，才是江湖""卖完李子，就是地瓜"这种10字以内的小段落。段落短小既照应了创新表达的需要，也顺应了受众快捷阅读的要求。

▼ **又看此文的理念新** 〜

习近平总书记在党的新闻舆论工作座谈会上的讲话中强调："党的新闻舆论工作必须创新理念、内容、体裁、形式、方法、手段、业态、体制、机制，增强针对性和实效性。"他提到9个方面的创新，其中前面6个创新要求都是新闻工作者个人可以施展的天地舞台。值得注意的是，习近平总书记在谈党的新闻舆论工作的9个创新时，将创新理念置于首要位置，说明理念创新的极为重要性。

新闻舆论工作的创新需要解决"不想做""不能做""不

长做"这三个问题，解决问题的关键在于必须具有理念创新的主观能动性。《普定"键盘侠"邀你"吃瓜"》之所以做到包括内容、形式、方法、手段在内的多种创新，最根本的立足点和支撑点还是在于作者具备了理念创新的主动性、自觉性和积极性。该文的创新不是浅尝辄止，而是表现出较强的创新力度及表达效果，将归结点落在"理念新"上面，笔者认为是具有特殊启示意义的。

## 第十一节　日常报道中的不寻常操作

2021年8月6日，《贵州日报》"天眼新闻"版的"云上编辑部/贵州县级融媒体中心联合报道"栏目推出一组报道，题为《种草养殖，卖草增收/"一棵草"激活产业发展》《吃掉厨余垃圾变饲料/"一只虫"打通循环养殖》《科学种植　产量喜人/"一株芋"转动致富"魔方"》。这是一组将日常报道加以不寻常操作而使之出彩的实际例子。

这组报道的最大亮点在三条报道的主题上——《"一棵草"激活产业发展》《"一只虫"打通循环养殖》《"一株芋"转动致富"魔方"》，见报时呈现的这三个标题，肯定不是出自原始作者之手，而是来自"云上编辑部"的案头功夫。

我们知道，编辑部的案头工作，大抵离不开选稿、编稿、组版的"选编组"环节，各个环节环环相扣、缺一不可，而编稿环节显得尤为重要。新闻报道讲求"内容为王"，精编稿件以确保内容真实、事实清楚、文字简练、结构合顺，特别是制作一个精准且吸睛的标题，更是追求"内容为王"的不二法门。阅评员认为，2021年8月6日《贵州日报》"天眼新闻"的这组报道是日常报道的不寻常操作，很大程度是因为其后期制作的案头功夫在编稿环节的标题制作上，形成了打破常规、摒弃一般、个性表达的特色光彩，并为组版环节的组合表达以及版面语言的优化创造了优宜条件。标题是新闻的眼睛，其重要性不必多言。在标题制作上再怎么下功夫都不为过，都是值得的，这样的话倒是值得反复地讲，不断琢磨。

说这组报道是日常报道的不寻常操作，当然并不仅限于它的标题制作功力。新闻的"新"主要在于时间新和内容新，即所谓"时新性"和"质新性"。从"时新性"上看，这组报道的《"一棵草"激活产业发展》，在第一自然段就写道："8月2日，平塘县甲茶镇新优村，村民一大早便开始忙碌起来，为完成皇竹草的订单准备草种和牧草。"《"一只虫"打通循环养殖》一文的开头注明是发生在7月28日，8月6日就见报，体现了"时新性"。从"质新性"上看，《"一只虫"打通循环养殖》讲"1吨黑水虻，可分解5至6吨的餐厨垃圾和禽畜粪便，黑水虻蛋白质含量非常高，又可以拿来喂鸡鸭鱼鹅"。黑水虻这"一只虫",较之"一棵草"的皇竹草和"一株芋"的魔芋,具有更小的相似度和"见媒率",当然更符合新闻"质新性"的要求,也更具有传播价值。

报纸经营一个版面,很难做到处处亮点,兴奋点频现,因为编辑部拥有的资源,很大可能是一般性、日常化的东西居多,而像《贵州日报》"天眼新闻"版的"云上编辑部/贵州县级融媒体中心联合报道"栏目遇到的情况,就更可能会是这样。但即便如此,编辑部也不能采取"尽水焖饭"、无所作为的架势。尽力发挥"选编组"环节的主观能动性,对日常报道加以不寻常操作而使之出彩,这应该是可以不断争取的。这也正是2021年8月6日《贵州日报》"天眼新闻"版的这组报道给予我们的有益启示。

## 第十二节　好图片的"不一般"价值

——评《贵州日报》新闻图片《考完啦》

不一般,就是不一般!

2021年6月9日《贵州日报》头版刊登的新闻图片《考完啦》,是一幅称得上具有"不一般"价值的好图片。

笔者在阅评时说,这幅图片生动反映贵州省高考顺利结束的喜气画面，新闻性、具象性、动感性十足。这"三性十足"，代表着该图片"不一般"价值的一个方面。

先看其新闻性。2021年的贵州高考于6月8日结束，8日下午5时余，记者还在采访现场拍照，6月9日《考完啦》图片即见诸报端，其新闻性自然不言而喻。

再看其具象性。该图片的文字说明写道："6月8日下午5时，随着考试结束铃声的响起，贵州省2021年高考落下帷幕。在务川自治县民族中学考点，考生们喜笑颜开飞奔出考场。"这是一则准确、简洁且不乏生动的文字说明，整个说明文字，尤其是第二句内容，全都通过画面语言得到了具象性呈现。

又看其动感性。文字说明称"考生们喜笑颜开飞奔出考场"，这里的"飞奔"二字虽用得不错，但动感仍显不足，图片画面上考生们脚下生风的奔跑姿态，完全让"飞奔"的动感活现在受众的眼前。

笔者在阅评时还说，这幅图片且具有特殊的折射意味。如此评价则体现出该图片"不一般"价值的另一个方面。

"考生们喜笑颜开飞奔出考场"，可以让人们联想到"十年寒窗"、刻苦攻读之不易。如今考完啦，释然快意涌上心头，喜悦癫狂溢于形色，此情此理人皆有之。这种人性化意味的折射，其中深蕴着新闻"真善美"的光彩。

"考生们喜笑颜开飞奔出考场"，拿到全球新冠疫情现实的背景下，对比美国的疫情失控、印度的疫情爆炸、日本因受疫情影响高考设三个日程等实情，折射出执政理念、国家治理、制度体制等巨大反差，其中更深蕴着思想信仰的耀眼光芒。

据悉，这张图片原用在该报5版的"天眼新闻"版面上，6月8日晚上该报夜班编辑经过统筹协调，最终将其调至头版显要刊用。这其中折射的业务素质，也堪可圈可点。

除此之外，阅评员还有一些感受可与同仁探讨。

怎样理解"一图胜千言"？新闻写作尤其是新闻标题制作有一个主张，就是多用及用好动词。笔者认为《考完啦》图片说明中的"考生们喜笑颜开飞奔出考场"，形容词"喜笑颜开"用得蛮好，动词"飞奔"的使用更值得赞扬。但是这些词语用得再好，终究有些抽象，不及《考完啦》图片画面上考生们脸庞绽放的笑颜和脚下生风的跑姿那般具象与生动。看到并理解透这一点，我们就能更加清楚"读图时代"的由来，更加看重好图片在新闻传播中的存在价值。

如何看待好图片的特质？窃以为，除了画质、用光、角度、虚实、裁剪等图片制作技术特质之外，图片的时代折射感、思想映照性和文化内涵度等等，可以说是好图片更加重要的特质。值得注意的是，许多获奖的新闻图片往往都是抓拍、抢拍的成果；还有的获奖新闻图片带着后期制作、多方协同的印记。《考完啦》会不会是一件获奖好图片，不便虚言妄猜。然而它所具有的不少好图片的特质，以及图片编发刊用中显露的专业技能，无疑是值得肯定并加以发扬的。

## 第十三节 用"两个价值"观照这"两个故事"

2020年10月31日，《贵州日报》开设推出了"我的扶贫故事/我的脱贫故事"专栏，在接下来近一个月的时间里，以连续刊登的样式向受众提供了数十篇报道，在宣传价值和新闻价值两个方面，给阅评员留下不一般的印象。

### 以宣传价值而论

首先是该栏目的创设为决战脱贫攻坚、决胜全面小康的"收官年"报道增添了力量声势。再就是该栏目的出现为丰富"收官年"脱贫攻坚主题报道的版面语言发挥了积极作用。在党报的业务活动中，常常会出现宣传价值与新闻价值交叉或重合的情况。而在内容与形式的侧重上，宣传似乎更注重于形式，以求能在读者心中留下深刻的印象。新闻栏目的造势功能，版面语言的形式表达，两相叠加就得以将宣传价值做到极致。一如该栏目"开栏的话"所言："在书写中国减贫奇迹的精彩篇章中，贵州一路艰辛一路歌，这里有太多的扶贫故事令人感动，有太多的脱贫成果令人致敬。""从今日起，本报开设'我的扶贫故事/我的脱贫故事'专栏，全方位、多角度、深层次讲述我省广大党员干部和群众的脱贫攻坚故事，充分展示贵州打赢脱贫攻坚战的艰苦奋斗历程，反映贵州人民群众满满的获得感幸福感安全感，以此见证贵州在决胜全面建成小康社会征程中的努力与温暖、奋斗与梦想。"在该报已开设"多彩贵州·相约2020——督战未摘帽贫困县""全面建成小康社会'百城千县万村调研行'""千年之变·新时代的贵州人"等脱贫攻坚主题栏目的同时，"我的扶贫故事/我的脱贫故事"专栏的创设加入，的确强化了"收官年"主题宣导的意义和价值。

## 以新闻价值而论

"我的扶贫故事/我的脱贫故事"从栏目名称上看，本身就含有三个特点：一是用"第一人称"展开报道；二是用故事手法加以呈现；三是将真情帮扶与内生动力的生动事实同步展现。三个特点既合乎"拿事实来说话"的新闻传播规律，也凸显了引人关注的鲜活性，书写出贵州减贫奇迹的精彩篇章，构成了该报决战决胜全面小康宣传报道大合奏中一个别开生面的乐章。

11月14日见报的"我的扶贫故事"《我是麻山腹地"卖菜郎"》一文中的主人公紫云绿阳绿色蔬菜有限公司总经理谢顺超说道：

家乡完善的政策扶持体系、凉爽的气候、丰富的资源，坚定了我返乡创业的决心。于是，我带着资金、技术和经验，回到家乡进行二次创业。

我把首站选择在猴场镇尅座村，投资150万元入股村级合作社，种植了565亩豌豆苗和菜心。同年9月，豌豆苗和菜心上市，刚好赶上蔬菜行情大好，卖了好价钱，销售额达250余万元。

此后，我和哥哥注册成立了绿阳绿色蔬菜有限公司，按照"公司+基地+农户"模式，统一提供种子、农药、肥料以及技术，带动当地农户种植蔬菜4600余亩。

如今，我快50岁了。看着越来越好的家乡，我甘做一辈子的"卖菜郎"，把家乡优质的蔬菜卖到全国各地，带领更多的村民增收致富。

同日见报的"我的脱贫故事"《在山里养猪　到城里买房》一文中的主人公七星关区大河乡拉乐村村民吴正香讲述：

我叫吴正香，今年38岁，曾是七星关区大河乡拉乐村一个普通的贫困户，也是3个孩子的母亲。

…………

2018年，我和同村人合伙，投资18万元养了100头猪，却因为技术不过关、缺乏管理经验，最后死了24头。当时，丈夫有些气馁，劝我别干了，这个产业风险太大，我决定还是咬咬牙坚持。总结失败的经验教训，我们一边向养殖大户学习经验，一边加强防疫措施。2018年底，我们新建了猪舍，引进了本地猪种，在精心养护下，当年纯利润就9万多元。

今年，我又引进了10头母猪，2头公猪，猪仔就配了110头，等到年底就能卖完了，稳妥妥赚个10万元没问题，生活肯定能大变样。

还有件值得高兴的事，今年，我和老公把几年的积蓄拿了出来在毕节付了一套房子的首付，打算以后把最小的孩子送到市里的学校去读书。我总觉得，脱贫不只是靠政府，自身也得努力，在好的政策下，我们要把握好机会，创造更好的生活才行。

这两篇报道的内容节选，作为数十条报道的一个缩影，已足以证实"我的扶贫故事/我的脱贫故事"专栏所具有的无可置疑的新闻价值。

## 第十四节　"活"动人心是担当

——评《贵州日报》11月"深入学习贯彻党的二十大精神"报道

2022年11月，党的二十大刚结束。搞好"深入学习贯彻党的二十大精神"宣传报道工作是传媒界的一项长期任务，而搞好11月份的宣导具有开启性、强调性的特殊意义。

基于这样的时态背景来观察《贵州日报》"深入学习贯彻党的二十大精神"宣传报道工作，阅评员明显看到的是，省委机关报不仅以高度的政治自觉及鲜明的政治站位，将这一重大主题报道置于极其重要的位置，而且竭力"重"中显"活"的传播之道，让"深入学习贯彻党的二十大精神"的传导"活起来动起来"，以使党的二十大精神"飞入寻常百姓家"。

　　"活"动人心的关键是要找准"活"的点位，"活"的点位又主要集中在形式和内容两个方面。

　　在形式上，"活"的点位就在老百姓的喜闻乐见上。比如该报11月17日"党的二十大精神在基层"栏目报道：《龙里醒狮镇创新宣讲形式/火热组建宣讲队　竹板一打入人心》；11月21日"深入学习贯彻党的二十大精神"栏目报道《专题演出走进贵州中医药大学/文艺让宣讲鲜起来活起来》；11月22日同栏目报道《普定文艺轻骑兵进村入户宣讲接地气冒热气/花灯唱响党的"好声音"》；11月23日同栏目报道《剑河县久仰镇组织小分队走村入寨/"板凳课堂"唠家常　"双语"宣讲引共鸣》；11月24日同栏目报道《诗词文化大院里的"赛诗会"》《广"剧"人气　"声"入人心/文艺宣讲轻骑兵推动学习宣传贯彻党的二十大精神走深走实》等等。这当中的文艺宣讲、快板书、唱花灯、"板凳课堂"、"双语"宣讲、"赛诗会"之类，都是老百姓喜闻乐见的宣传引导形式，能够更好地产生入脑入心的效果。

"'金秋十月美如画，胜利召开二十大。守江山，守民心，为民造福有决心。十年来，变化大，三件大事宏图画……'在黔西市水西街道，水西社区自发组织，整合快板表演队、文琴歌舞队等资源组成文艺宣讲队，创新方式，自编自唱，以文艺表演的形式宣讲党的二十大精神，活泼热烈的歌舞表达，朗朗上口的快板宣讲，受到老百姓的热烈欢迎，宣讲现场，观众意犹未尽齐呼'再来一遍'。"这是11月24日《贵州日报》通讯《广"剧"人气 "声"入人心/文艺宣讲轻骑兵推动学习宣传贯彻党的二十大精神走深走实》中的一个自然段落反映贵州省文艺宣讲"方式创新更接地气"的一段纪实文字，很能印证群众喜闻乐见的形式所带来的宣导效果。及时捕捉反映这样的典型事例和经验，对于深入学习贯彻党的二十大精神具有启发、指导价值。

在内容上，"活"的点位集中体现在捕捉与展露事实的鲜活度及贴近性上。

11月15日见报的《"百姓名嘴"田间地头"摆讲堂"》一文中写道："听完宣讲，85岁的老人吴正付竖起了大拇指说：'从精准扶贫到乡村振兴，我们村里头的路宽了、厕所干净了，出门搭车也方便得很，党的好政策让我们过上了好日子。'百香果种植大户吴安东激动地说：'党的二十大报告提出全面推进乡村振兴，坚持农业农村优先发展，我们的百香果产业看来还要继续壮大，今后的日子更有奔头。'"

"'一谢共产党，吃饭把你想，以前受饥饿，现在幸福奔小康；二谢共产党，穿衣把你想，以前穿麻布，现在毛料新衣装；三谢共产党，住房把你想，以前没房住，现在家家盖楼房……'11月17日，阳光明媚，温暖和煦，安顺市普定县马官镇下坝村丁明珍家小院水泄不通，村民挤坐在一起。当花灯唱起，'包袱'抖出，村民一片欢声笑语。"这是11月22日刊发的通讯《普定文艺轻骑兵进村入户宣讲接地气冒热气/花灯唱响党的"好声音"》中的一段记述。

11月20日见报的《"硒乡新语"开讲 讲到群众心坎上》中说："'我们把乡村建设得更好更美丽，来玩的游客也就多了。老刘，你地上那几个老南瓜，分分钟就可以变成钱了嘛。'会上，两位宣讲人还就产业发展、乡村振兴等内容，与村民进行了广泛的交流，诙谐又接地气的言语，引得周边四邻群众纷纷参与讨论，他们表示，宣讲讲到了老百姓的心坎上。"

上述文字中捕捉与展露的事实，其典型事例的鲜活度，以及新闻事实与群众切身利益的关联性和贴近性，都达到了既贴切又紧密的程度，"活"动人心便也在情理之中。

深入学习贯彻党的二十大精神的报道不止于一般化的有文有图有声音，也不满足于表面上的热热闹闹，而是在传导形式与内容的鲜活性、有效性上用功使劲，不断增强报道的传播力、引导力、影响力和公信力，体现的是省委机关报的政治担当与业务功力。

## 第十五节　点赞有三的亮眼专栏

2024年伊始的1月5日，Z报创新推出了"贵州影像故事"专栏。从该专栏1月份刊发的4期内容以及采用的形式手段来看，阅评员感到这一创意独到的专栏至少有以下三点值得点赞。

**点赞一："以小见大"的典型例证**。1月5日该专栏"开栏的话"写道："在大西南的崇山峻岭间，中国式现代化贵州实践的生动场景正在展现。每一幅图片、每一段视频都记录着贵州儿女追赶的身影、奋斗的故事，构成了行进中最具张力的贵州历史影像。"

省委将抓牢抓实新型工业化作为推进中国式现代化贵州实践的关键任务，可谓事体重大。首篇报道《黄金的信心》，记述跻身贵州省新能源电池及材料行业，担任贵州振华新材料股份有限公司技术研发部副经理的黄金，如何与同事们刻苦攻关、实现锂电池正极材料高镍领域的突破，荣获2021—2023年贵州省促进新型工业化发展先进个人表彰的事迹。黄金其人其事，活脱脱成为贵州新型工业化赶超奋进的一个缩影。作品最后用黄金的这段话作为结尾："我国新能源汽车产业蓬勃发展，贵州新型工业化昂首前进，锂电池正极材料必将迎来更广阔的发展空间，我很有信心。毕竟，信心比黄金更珍贵！"

黄金的信心映射着贵州新型工业化大有可为的前景，这不就是"贵州影像故事"追求"以小见大"的证明吗？1月份见报的该专栏的4件作品，都是从一个人的角度切入并展开。除了1月5日刊载的《黄金的信心》中的黄金之外，1月10日刊载的《解题》中的民警刘海兵，1月18日刊载的《菊妹出镜》中的抖音直播带货新农人熊永菊，全都是"以小见大"的典型例证。

该专栏1月份见报的4件作品，其首篇及1月18日的两篇作品都见于当日头版头条下面的显著位置，这其实是从版面语言的层级对该专栏"以小见大"特色的肯定。

**点赞二：故事化手法的有效运作。**该专栏冠名为"贵州影像故事"，宣示了这一栏目的"故事化"运作手法。

故事怎么讲？专栏"以小见大"的特点，为"故事化"运作创造了有利的条件。切口小到一个人，围绕一个人的生平事迹展开，这样故事不仅具象了、集中了，甚至也会更加细微了、生动了。

通讯《黄金的信心》里，从2015年黄金从贵州大学材料科学与技术专业硕士毕业进入振华新材料公司讲起，至2023年底，黄金获得2021—2023年贵州省促进新型工业化发展先进个人表彰。8年中他全力以赴的事业如何经历挫折，又怎样在高质量发展的政策背景激励下收获"蛋糕做出来了"的喜悦。黄金感慨："不断攻关，终于实现了锂电池正极材料高镍领域的突破。"故事给予受众关于黄金的信心，乃至贵州信心的重要价值的感受，是十分真切的。

通讯《解题》里的故事，讲述在为贵州经济社会发展提供平安建设保障的大背景下，曾是高中数学老师的刘海兵如何变身为一名人民警察，并怎样以快速出警、浴血奋战来解答给人民群众"安全感"这道大考题的故事。"他和3名同事在对一名犯罪嫌疑人实施抓捕时，持刀的犯罪嫌疑人将冲在最前的刘海兵左脸颊刺穿、左腿也捅了一刀，浑身是血的刘海兵却紧紧抱住犯罪嫌疑人，在同事协助下终将其抓捕。""随后，刘海兵昏迷地上。抢救一夜，刘海兵终于醒来。看着一旁紧张无措的妻子，他却笑着说身上不过多了两个伤疤而已。"是为故事中最刺激、最感人的细节。

**点赞三：融媒创新的有益探索**。该专栏"开栏的话"中有言："无视频不新闻、无图片不传播。今日起，Z报和天眼新闻客户端开设'贵州影像故事'栏目。""本栏目将定期更新，音频、视频和图片等更多丰富内容在天眼新闻客户端呈现。敬请关注！"这些话，道出了本栏目融媒创新的立足点和新探求。

该专栏报道内容的呈现，在纸媒这一块以两图配文字和故事化表达见长，在新媒体这一块则以短视频、音频加文字配多图的故事化表达见长。虽是你中有我、我中有你，却并非是传统媒体"＋互联网"的简单复制，而是新媒体"互联网＋"的二度创作、创新表达。譬如《黄金的信心》在天眼新闻客户端的呈现，既有2分27秒的短视频内容，又有7分52秒的音频加文字，以及10幅图片的配合呈现。《菊妹出镜》在天眼新闻客户端的呈现，既有3分09秒的短视频内容，又有9分08秒的音频加文字，以及12幅图片的配合呈现。天眼新闻客户端的内容样式，并非Z报内容的简单重复。故事化表达成为传统媒体和新媒体一以贯之的运作手法，多种技术手段的合理运用，增强了报道的贴近性与可读性，亲和力与感染力。

Z报的《菊妹出镜》报道中，关于熊永菊属何地人氏，只提及长顺县，而报道文字中又称："2022年12月初，熊永菊回村注册'贵州菊妹'，直播售卖家乡的土特产。"熊永菊所属长顺县何镇何村，却未予交代。而天眼新闻客户端的音频及文字报道中，则清楚注明熊永菊为长顺县广顺镇来远村的村民。两相对比，Z报在《菊妹出镜》报道中出现新闻要素"何地"的残缺，是为不够妥当的美中不足。

## 第十六节　媒体亮点从何来？

——以近期《贵州日报》的鲜活报道为例

在2024春召开的贵州日报报刊社上年度工作总结表彰会上，社长、总编辑都对进一步提升宣传报道工作质量提出要求，认为不时出现的"稿荒"问题，主要不是稿件数量不够，而是稿件质量不高。他们都强调，要强化机制制度保障，力倡深入实际的作风，弘扬学习风气、团结正气、实干锐气，在增强党媒报道鲜活度上狠下功夫，在更好服务工作大局上多作贡献。

将宣传报道的"鲜活度"作为质量标准的一个重要方面（不是唯一方面）来强调，一是体现了这种强调的针对性，即鲜活度欠缺的确是我们宣传报道中的一个痛点、难点问题；二是体现了这种强调的价值性，即鲜活度既是媒体亮点的主要来由，也是媒体绩效的重要支撑。

媒体亮点从何来？阅评员打算以近期《贵州日报》具有鲜活度特点的报道为例，表述媒体亮点来自"六点"的观点，即选题要"重"点、切口要"小"点、情节要"细"点、场景要"多"点、话语要"活"字、标题要"靓"点，供同仁们借鉴参考。

## 选题要"重"点

"高举旗帜、引领导向，围绕中心、服务大局，团结人民、鼓舞士气……"是党的新闻舆论工作的重要职责使命。党媒必须牢牢坚持正确舆论导向，必须"高扬主旋律、打好主动仗"。主旋律就是引领导向、服务大局、鼓舞士气的重要旋律，主动仗就是在落实职责使命的重点战役中积极作为，唱好重头戏。这其中的"重要、重点、重头"，共同擎起党媒宣传报道的鲜红旗帜。党媒报道选题缺少这些"重"，就会显得缺魂魄、少气势、无厘头、轻飘飘，成为"亮点"织造的最大禁忌。

贯彻落实习近平总书记对贵州的重要指示批示精神、党的二十大精神和今年全国两会精神，贵州将加快构建现代化产业体系，奋力推进以人为核心的新型城镇化，加快建设现代山地特色高效农业强省，奋力打造世界级旅游目的地，推进"富矿精开"，作好贵州全力推进高质量发展和现代化建设的战略决策和大局任务。

在近期《贵州日报》版面上，频繁出现的"新时代　新征程　新伟业"及同步推出的"深入学习贯彻2024年全国两会精神"栏目报道，"推动文旅深度融合，打造世界级旅游目的地——聚焦第十八届贵州旅游产业发展大会"专栏报道，还有"加快发展新质生产力""高质量发展蹲点采访""贵州影像故事""乡村行·看振兴""最美新农人'三新农'践行记"等栏目报道，无不带着重彩的风貌登临版面。其中《精开"超级矿"》《每年"吃"掉磷石膏一百四十万吨》《一块磷石"链"动百企》《锰矿精开　产业跃升》《我省聚链招商促进产业集聚——"链"出发展新动能》《绿色算力赋能数智化转型升级》《"大块头"智造"大块头"》《数字技术深度嵌入各行各业　"精准智造"赋能产业向"新"升级》《"知产"成资产　专利聚活力》《"电动贵州"：产业"含绿量"提升发展"含金量"》《北斗，从"天边"来到"身边"》《黔山贵水　逐绿享美》《"诗与远方"带来美丽经济》《共赴一场美丽之约》《生猪"上楼"　智能高效》《"开心农场"一键种田》《种子进厂"追耕"　"铁汉"柔情育苗》《一只鸡"孵"出富民好产业》等等报道，又无不让人看到贵州全力推进高质量发展和现代化建设的战略决策和大局任务的战斗身影。

# 切口要"小"点

　　报道的切入点涉及选材、角度等技术性问题。说切口、切入点要小，是指选材要避虚就实，尽可能具体真切；角度要避泛聚点，尽可能鲜明突出。重大主题报道当然不排斥篇幅较长、容量较大的综合性报道。但是，即便是在重大主题报道中，也很需要用切口小的典型性、具象性事实来增强报道的说服力、感染力和公信力。而在重大主题报道的日常性推进中，就更需要用小切口的选材，从一个人、一件事、一个厂、一个村、一家店等小角度的切入来展开报道，以小人物托举大主题，以小切口撬动大传播，用若干具体生动的事实，来营造"以小见大"的舆论气氛，赢得引领导向、服务大局、鼓舞士气、凝心聚力的传导效果。

　　在近期《贵州日报》的报道中，4月14日"最美新农人'三新农'践行记"专栏的《"新农人"闵宗见玩转直播带货——"一二三，上链接！"》，4月18日"高质量发展蹲点采访"专栏的《王再军家的"洋芋饭"》，就是从一个人切入，反映高效农业和乡村振兴"以小见大"的实例；4月14日"加快发展新质生产力"栏目的《"知产"成资产　专利聚活力——一家贵州新能源企业的"新知识"变现之路》，是从一家企业切入，反映贵州加快构建现代化产业体系"以小见大"的实例；4月13日"加快发展新质生产力"栏目的《从源头寻找破题"密码"——贵州科学院攻关新型选矿技术赋能磷矿精开》，是从一个单位、一件事切入，映照"富矿精开""以小见大"的实例；4月22日"乡村行·看振兴"栏目的《洛棉村老屋复活记》，则是从一个村切入，反映旅游业发展"以小见大"的实例等等。创发至今的"贵州影像故事"栏目，在近期的报道中仍在沿袭以一个人的工作、生活故事，扛起"国之大者""省之大计"的叙事、印证责任。

## 情节要"细"点

　　《贵州日报》4月6日头版头条见报的《风暖春山早茶香》一文中写道："2月初，记者来到普安县江西坡镇和茶源街道，茶山上，'点缀'着妇女、老人和孩子采茶的忙碌身影；黄昏时分，一个个交通要道口车堵人挤，茶青交易火热进行。记者一路留意，外省牌照车辆不少，收茶人掺杂方言的'普通话'让人忍俊不禁。同行人员介绍，时下正是'抢茶'高峰期，普安县活跃着来自浙江、江苏、福建、山东、广东、重庆等10多个省市的上千茶商。"这当中茶山上忙碌的采茶人身影、道路上的车堵人挤及有不少外省牌照车辆的所见，还有收茶人掺杂方言的普通话的所闻，都是极富现场感的细节化描述，将普安茶青交易的火热情景生动呈现。

　　4月16日2版刊发的《生猪"上楼"智能高效——探访荔波智慧养猪新模式》报道中，有这样一段描述："小猪出生后，由母猪哺乳21天，长到3.5公斤左右就乘坐园内'公交车'前往保育楼层。在保育楼层生活到63天，再通过电梯'搬迁'到育肥楼层。在育肥楼层生活到175天，猪体重达到115公斤左右出栏，年出栏商品猪约40000头。"这一众精确的细节化数字，让读者对荔波智慧养猪新模式有了真切的认知。

4月6日头版刊载的《桐梓I看一块煤炭的"七十二变"》，用多个段落交代何谓"七十二变"："黑色煤炭送进贮煤仓，与水混合在棒磨机中'亲密接触'后，变成了黑乎乎的水煤浆。水煤浆喷入气化炉，加入氧气，经过一番高温'桑拿'，水煤浆变成了水煤气。然后，这些水煤气再经过洗涤净化，脱除大部分二氧化碳，变成净煤气，主要成分为一氧化碳、氢气。一氧化碳和氢气在一定的温度、压力和催化剂的作用下，合成了甲醇。水煤气中分离出来的氢气和空气中分离出来的氮气，经过一定的温度、压力和催化剂的作用，分子'牵手'变成氨气。氨气和二氧化碳经过一定的温度和压力，再次'牵手'，最终变幻成一颗颗晶莹剔透的白色颗粒——尿素，完成一块煤的'由黑到白'之旅。"没有这种富于科技含量的细节化表达，标题的所谓一块煤炭的"七十二变"，当然就缺少了说服力。

党媒的宣传报道选择故事化表达，是新闻用事实说话的应然路径，有利于强化报道的颜值度、亮眼度和关注度，提升报道的吸引力、感染力和说服力，增强报道的可读性、可信性和有效性。而故事化表达离不开情节的铺展和细节的支撑。记者采访中注意捕捉利于故事化表达的情节、细节素材，写作中注重绷紧"留住细节"这根弦，是做好情节要"细"点这一报道亮点的必备条件。

## 场景要"多"点

营造此亮点实则可以从文字与图片两方面来着力。

文字方面需要在突出现场感，凸显具象性，多些情景化上下功夫。如《贵州日报》4月4日见报的《思南|秧苗"坐电梯"种田更省力——春耕备耕一线见闻之三》中的现场化、具象性描述："4月1日，清晨雾气还未散去，思南县塘头镇坚强村育苗基地，田儒涛骑着摩托车驶来，麻利地打开铁门，查看了一圈生产物资后径直走向不远处的大棚。轰轰轰……机器轰鸣声从大棚中传来，近两层楼高的循环运动式立体育秧机，自3月10日开机以来，每天24小时不间断工作。在机器的带动下，整齐排列的水稻秧苗搭乘605个阶梯自动循环上下'走动'。"4月7日头版头条见报的《中国最大现代化单体露天磷矿山，瓮福磷矿白岩矿区穿岩洞矿段年产优质磷矿石超360万吨—精开"超级矿"》的起首处写道："在约4.21平方公里的露天矿山，道路蜿蜒在阶梯式巨型矿坑山壁上，每天上百辆矿用汽车沿着山道上下来回穿梭作业。这里是国产大片《流浪地球1》的一处取景地，远远望去，科幻既视感格外壮观。"也是现场感、情景化很强的文字表达，给人如临其景、如见其情的强烈感受。

图片方面则需不断强化"有图有真相"的采编发意识，顺应读图时代的传播需求与规律，除了给图片新闻以足够的传导地位和表达空间，着力办好视觉化图片专版，以及创新推出"贵州影像故事"这种有利图片传播的专属园地之外，还应注意能够配图的文字报道一定配图，高质量的图片在可能条件下一定给足展示的"脸面"等等。

## 话语要"活"点

报道中准确运用精美词汇、修辞式用语，以及适当使用大众化语言、方言土语等等，都可成为话语要"活"点的亮点构件，对提高报道的贴近性、可读性、亲和力和感染力，委实大有助益。

通讯《风暖春山早茶香》，称浙商黄金初在普安县江西坡镇安居乐业，成了当地"有头有脸"的"上门女婿"。这种民间的活化称呼很好印证了普安早茶业的巨大吸引力。

"最美新农人'三新农'践行记"栏目刊出的《香椿枇杷水芹菜　每天带货数百单》一文中写了这样一段对话："枇杷甜不甜？""甜得很，八分甜，甜得像初恋。""深圳几天能到货？""深圳两天能到货。""拍了一单。"中间幽默风趣的地方话语，增强了这则直播带货报道的鲜活度。

近期贵州的旅游产业化报道中，"黄小西、吃晚饭"成为出现频率很高的热词。这一极富贵州个性、又极有召唤特色的活性词语，道出贵州丰厚的旅游家底和邀客热情，引起众多关注。作为话语要"活"点的典型案例，启示意义非同一般。

# 标题要"靓"点

来看《贵州日报》近期制作刊出的下列标题:《全球最大磷石膏分解制硫酸联产水泥装置在福泉建成/每年"吃"掉磷石膏一百四十万吨》（4月1日头版）、《向科技要效率/快递越"跑"越快》（4月1日头版）、《凉都跑山猪"跑"进澳门》（4月3日4版）、《距谷底水面625米　主桥跨径1420米/花江峡谷大桥"横竖"都是第一》（4月3日4版）、《黔东南州培育打造"苗岭专业采收工"劳务品牌/"采"来增收　"采"出幸福》（4月3日5版）、《农机赋能春耕加速度——万象"耕"新不负春》（4月11日2版）、《企业用工"喊渴"　地方"引水"到岗》（4月16日7版）、《深耕时空数据/北斗从"天边"来到"身边"》（4月21日头版）、《快递"乘公交"入村　土特产"搭便车"进城》（4月21日2版）。

这些标题，或用拟人手法，或用谐音双关技巧，或妙用动词标出动态等，尤其是都活用引号形成个性，为版面增添亮色，为报道增加亮点，强化了标题的先导性张力和吸引力作用，其中的经验做法很值得总结弘扬。

媒体报道多出亮点，就能减缓乃至消除质量不佳导致的"稿荒"现象。冷静地分析，上面列举的《贵州日报》近期具有鲜活度亮点的报道例子，对减缓"稿荒"无疑是有效的，但对于消除"稿荒"，尚有几点不足和商榷之处。

一是从整体上看，合于鲜活度亮点的报道，虽说算不上"凤毛麟角"，却仍然是"代表性"多于"普遍性"，"偶遇化"多于"常态化"，求之难得的感觉还是比较强；从个体上看，架构亮点的"六个点"在某些报道中又常常只是"昙花一现"的"点缀"，成为不可多得的"荧光"，留下的遗憾还是比较多。

　　二是个别报道经不住推敲，把亮点搞成为弱点。如报纸4月6日2版"代表归来话落实"专栏的报道《郑培坤代表："家常话"接地气　"好声音"传一线》，其中写道："宣讲会上，郑培坤用通俗易懂的语言将自己在全国两会上的所听、所见、所感分享给大家。结合报告，用接地气的'家常话'，讲解了新质生产力、'三农'工作、产业振兴、惠民政策等话题，把党中央和国家的好政策、好消息等'好声音'送到了基层一线。"除此之外，报道通篇并未有"用接地气的'家常话'，讲解了新质生产力、'三农'工作、产业振兴、惠民政策等话题"的具体表述交代，使得标题上本显亮色的"'家常话'接地气"之说，成为无源之水、无本之木。这种情况是最应该避免的。

　　三是创新没有止息，亮点也需要不断擦拭以图更亮。譬如"贵州影像故事"这一创新栏目，截至当下均主要依据一个人的故事展现，往后可否用一个单位，抑或一个事件的故事来展现？目前的传播样式基本为"文主图辅"，往后能否用"图主文辅"即连环画等样式来展现？这些都值得研究。